JN108351

これで書ける！
サクサク作文サポート
小学校編

編著
阿部利彦

著
藤野　博
片岡寛仁・上條大志・久本卓人

東洋館出版社

もくじ

これで書ける！ サクサク作文サポート 小学校編

第1章

作文を書くことのつまずきとその背景

藤野博

作文が苦手な子どもたち

作文が苦手な子は少なくない。とくに発達障害のある子どもたちから、そういった声をよく聞く。ある自閉スペクトラム症（ASD）の子は作文について「急に書けっていわれても何を書いていいかわからない」と話していた。また、とある学会のシンポジウムで話題提供された日本でトップクラスの大学に在籍するASDの学生が、小中学校時代にいちばん苦労したことを聞かれ「作文」と即答していたことは印象的だった。ASDの人の場合、人間関係で苦労することが多いと考えがちで、みなそのような回答を予想していたと思うが、対人関係よりも作文のほうがたいへんだったというのだ。

次の文章はあるASDの子の文章である（＊プライバシーに配慮し、元の文の語句を変えている）。「先生あのね」という先生に語りかける形式で自分のしたこと思ったことを書く課題作文として書かれたものである。

先生あのね、パプリカダンスをおどりました。わたしはあんぱんまんです。ぼうしです。わたしはプリキュアです。きょうはあめふりです。わくわくです。わたしはプールです。わたしはカービイがだいすきです。わたしはファミマです。

この子は知的発達に遅れのないASDの小学1年生である。国語の穴埋め問題や選択肢から選んで回答する問題にはとても素早く正確に答えることができる。しかし、オープン形式の問題に答えることが困難であり、長文読解で文章の要点をまとめる問題や作文にはかなり苦戦している。上の文章も何が言いたいのかわかりにくい。おそらく、何をどのようにまとめればよいかわからず、とりあえずスペースを埋めるため、頭に浮かんだ言葉を片端から列挙し、「わたしは・・・」「きょうは・・・」などの定型文に入れ込むやり方で作ったものだろう。

彼らはなぜ作文に苦労するのだろうか。ASDの子どもの場合を考えると、その認知や言語の特徴からある程度説明できる。

ASDの子どもの認知の特徴

1　心の理論

人の心を読み取る認知機能のことを「心の理論」と呼ぶ。自己や他者の意図、信念、感情などの心の状態の理解を支える認知メカニズムである。心の理論の有無は誤信念課題と呼ばれるテスト課題でアセスメントできる。次のような課題である。

なつきちゃんは箱にボールを入れて部屋を出ていきました。

そこにゆうたくんが来て、箱の中にあったボールをバッグに入れ替えて部屋を出ていきました。
また部屋に戻ってきたなつきちゃんボールを箱とバッグのどちらに探すでしょうか？

この課題は他者の視点に立つことができるかを評価するものである。誤信念課題は通常の発達（定型発達）の幼児では4歳頃に正答できるようになるが、ＡＳＤでは知的な発達の遅れがなくても正答が難しい。しかし、知的発達に遅れのない子どもの場合、9歳～10歳頃に正答できるようになることが多い。

2 中枢性統合

知覚された情報を文脈に統合し、全体の意味を把握する認知機能を中枢性統合という。全体よりも部分に向かう情報処理の傾向である。ＡＳＤにおいては細部にとらわれて全体を把握することが難しく「木を見て森を見ない」認知の特徴があるが、それは中枢性統合の弱さとして説明できる。それは細部に対する繊細な知覚ともいえ、障害でなく認知スタイル、情報処理の好みとして捉える考え方もある。

例えば、図1のような写真を見て、その後に、その写真を思い出しながらその風景を絵に描くよう求められると、多くの人は図2のような絵を描くだろう。それが中枢性統合の機能である。しかし、ＡＳＤの人は図3のような絵を描くかもしれない。情報をふるいにかけ、枝葉の情報をカットし、幹となる情報を残す機能といえよう。

図1

図3

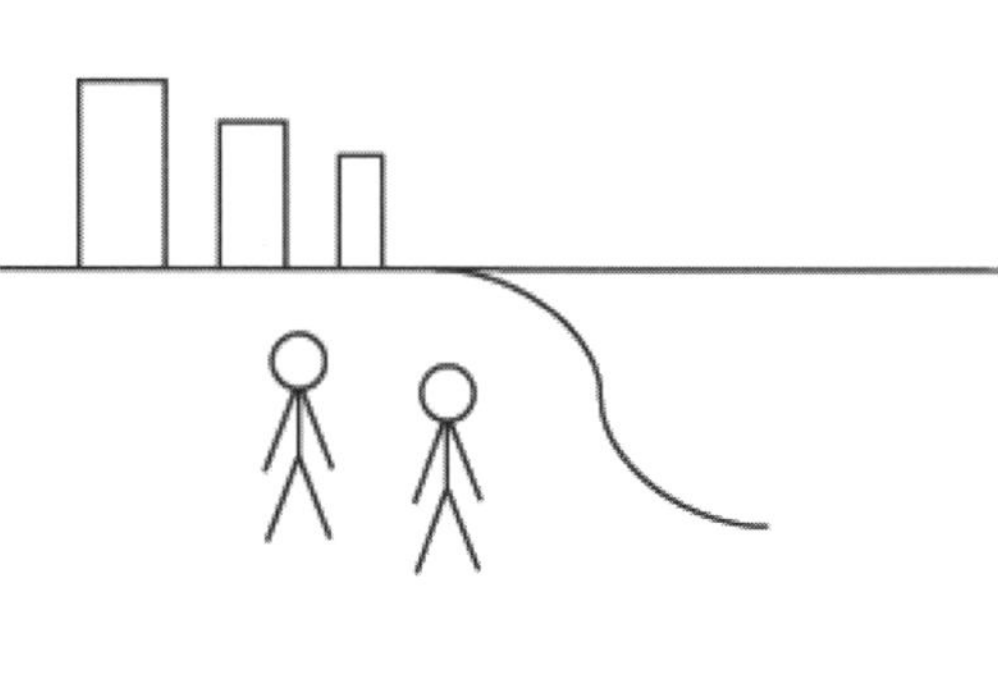
図2

このような認知の特徴は知的障害を伴うＡＳＤの人に見られることがあるサヴァン能力を説明するものとも考えられている。それは一度見たものを正確に記憶し再現できる力で、美術や音楽などの分野で現れやすい。画家の山下清はサヴァン能力である映像記憶の持ち主として有名だが、日記もよく知られており、たいへん味わいのある文章が残されている。たとえば以下は山下の日記の一部である。

八幡學園で長く居るつもりで居たんだけれ共最つといひ所が有ると思つてよくを出してあした出かけて行かうと思つて日記がすんでから出かける支度をして何日もより早く起きて皆に見つから無い用に出かけていくので出かけて行つた日は五月九日の日でした（寿岳章子「山下清の日記」阪倉篤義ら「現代のことば」三一書房、ｐ２３８）

句読点はなく、ここで文は切れず、さらに長く続いていく。山下の日記を研究した国語学者の寿岳章子は、どこまでも続く切れない文章は「過去の自分の経験を、時間的順序にしたがって、正確に想起して記そうとする態度」によるものだろうと推測している。細部の描写にこだわる絵画のスタイルと共通しているのではないだろうか。

近年、中枢性統合の弱さとされてきたものを認知スタイルとして見る向きがある。要点だけが簡潔にまとめられた文章はわかりやすくはあるが、個性や味わいが消されることがある。作文の問題を考えるときに、一般的なわかりやすさだけでなく、個性的な表現のバランスが考えられるべきではないだろうか。

3 実行機能

目先の出来事にそのまま反応せず、計画を立てて行動する心の働きを実行機能という。実行機能は、目標に向けて問題の解決を行っていく精神的な構えを維持する心理機能と定義されている。目の前の刺激に直接反応することを抑制し、適切な時点まで反応を延期すること、目標を意識しながら一連の活動を計画的に行うことである。抑制、情報の保持（ワーキングメモリ）、情報の更新（アップデイティング）、切り替え（シフティング）、計画（プランニング）などからなる。オーケストラに例えるならば、個々の演奏者でなく指揮者に相当する。

ＡＳＤの人は実行機能が働きにくく、行動を切り替えることやゴールに向けて行動の計画と立てることなどが難しいことが指摘されている。知能は高いのに臨機応変に動けない子どもは実行機能の問題を抱えていることが多い。

ＡＳＤの子どもの言語の問題

1 語用の問題

ＡＳＤの子どもたちは、ことばを話すことはできても、人との会話がかみあわないことがよくある。状況や相手に合わせことばを使うことは語用論という言語学の分野で研究されている。

語用論とは、機能的な側面から言語の使用や言語と文脈の関係を扱う言語学の一分野で、話し手が言葉を使うことで何を行おうとし、聞き手がそれを文脈と照らしてどう解釈するか、といったことを扱う。語用の問題は様々な整理の仕方があるが、ＡＳＤの人たちが困難を抱えやすい問題として、意図理解の問題、情報伝達の問題、ていねいさの調節の問題などがある。

意図理解の問題とは、話者の語る言葉の表面的な意味を超え、その背景にある意図を把握することの難しさである。ＡＳＤの子の親に連絡があって家に電話をかけたところ、その子が電話に出た。「お母さんいる？」と聞くと「うん、いるよ」と答えてくれたが、母を呼びに行く気配がない。この場面での「お母さんいる？」という質問は在宅を確認する質問であるが、いたら電話を代わってほしいという依頼の意図が含まれている。この子は、言われたことをそのまま字義通りに受け取り、その発言に含まれている依頼の意図に気づくことができなかったのだ。

情報伝達の問題とは、相手の知識に応じた質問や話題の提示ができないことである。あるＡＳＤの子は電車の知識が豊富で鉄道博士と呼ばれるほどだった。クラスのイベントで、クイズを作って披露したのだが、○○線の○○車両の座席の縦の幅は何センチか、といったその子以外だれも答えられないようなものだった。相手のもつ知識のレベルを考慮し、それに応じた対応ができなかったと考えられる。

ていねいさの調節の問題とは、場面や相手に応じて話し方を変えることの難しさである。親しい友だちにはなれなれしく話すが、校長先生にはていねいな言い方をする、といった言葉の使い分けの問題である。

以上のような語用の問題は先に述べた心の理論の働きと関係する。状況の中で相手のことばの背後にある意図を理解したり、相手に自分の意図がうまく伝わるようことばを選んで表現したりすることには心の理論が必要だからである。そのように、語用はわかりやすい文章表現に関係する。

2 ナラティブの問題

ナラティブは語用とともにＡＳＤの特徴が反映されやすい言語の側面である。ナラティブとは、出来事が時間的・因果的につなげられ、そのことへの考えや気持ちが述べられている語りのことである。「○○したら（原因）、○○になったから（結果）、○○だと思った（考え）」といった形式をもつ。

ＡＳＤ児は、時間・因果・意図に関する表現が乏しく、中心となるテーマの説明が不足している。接続詞などを用いて出来事をつなげることはできるが、一貫性をもった語りにならない。そして、ＡＳＤの人々がつくる物語は全体的な意味よりも部分的な詳細や視覚的な情報にフォーカスする傾向があることや、心的な状態の記述や登場人物間での視点の変更が困難であることが指摘されている。

ナラティブには、自分の経験を語るパーソナル・ナラティブと、空想のストーリーを語るフィクショナル・ナラティブがある。フィクショナル・ナラティブには、物語文法と呼ばれる一定の構造が備わっている。表1に挙げた要素が満たされると物語としての完成度が感じられ、それらの多くが欠けるとたんなる事実を羅列した文章のような空疎な感じになる。

表1　物語文法（仲野・長崎，2006に基づき作成）

カテゴリ	定義	例
セッティング	時間と場所に関する言及	ある日曜日、お母さんと男の子が家でのんびりしていました。
出来事の開始	ストーリーの動機となる出来事。解決を必要とする問題を含み、登場人物に目標を持たせる	昼になってから、お母さんは1人で買い物に出かけました。
内的反応	「出来事の開始」を登場人物がどのように感じているかの叙述。感情語を含み、登場人物を動機付ける。	男の子はお母さんが一緒に遊んでくれないので、少し寂しく思いました。
内的計画	問題を解決するための考えや計画の叙述	そこで、男の子はお母さんを驚かせて遊ぼうと思いました。
試み	問題を解決しようとして、登場人物により行われる試み	男の子はドアの陰に隠れ、お母さんが帰ってきた瞬間に飛び出しました。
結果	「試み」の次に来る出来事。因果的に「試み」と結びついている	お母さんは男の子におどろかされて、びっくりしました。
解決・反応	「出来事の開始」によって引き起こされる最終的な解決や反応	男の子は上手くお母さんを驚かすことができたので、喜びました。
エンディング	ストーリーの終了をはっきりと叙述する文や句	その後2人は一緒にかくれんぼをして遊びました。おしまい。

このようなナラティブに問題があると、テーマに一貫性のある筋の通った文章の作成が困難になる。それに関係する私たちが行った実験をひとつ紹介する。

大きな赤い三角形と小さな青い三角形が動くアニメーションがある。図4のように動く。このアニメーションを小学生に見せて、「今アニメで見たことをお話してください」と求めたところ、定型発達とASDの子はそれぞれ次のように語ってくれた。

〈定型発達：小学4年生（語い年齢　9歳11か月）〉

小さい三角がなかなか出れなくて、大きい三角が励まして、おいでよ早く、と言ってるように見えた。

〈ASD：小学3年生（語い年齢　10歳11か月）〉

一回、赤が枠から出て、そして戻ってきて青を押して、青が4回くらい、くるくる回って、戻ってきた。

定型発達の小学4年生では、図形を人に見立てたストーリーになっていて、意図や気持ちの表現も含まれている。「○○したら○○になって、○○と思った」という典型的なナラティブの形式になっている。

一方、ASDの小学3年生は定型発達の4年生よりも年齢が高いが、その語りは、出来事を物理的に表現していて、人に見立て

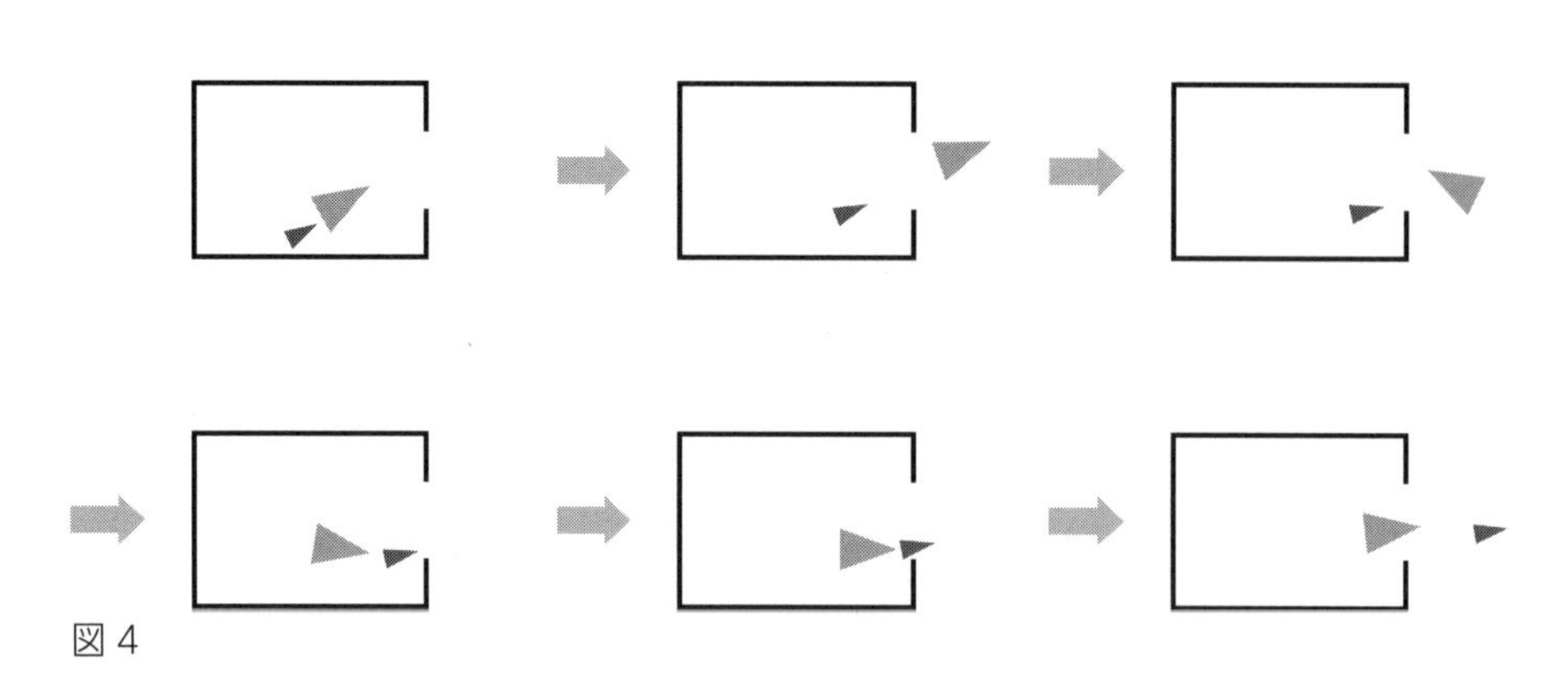
図４

ていない。因果関係や意図や気持ちの表現もない。正確で詳細な事実の描写だがストーリー性が感じられないものになっている。図形を人に見立て、動きの中に心を見ることは心の理論に関係する。ＡＳＤの子には心の理論の問題もあるため、心の状態が含まれず目の前に見えている物の状態を細かく表現する文章になったのだろう。

3　認知・言語の特性と作文困難の関係

以上のＡＳＤの認知と言語の特性から、作文の困難がなぜ起こるのかを説明できる。作文では、まずテーマを考え、あらすじを組み立てる。これらには実行機能であるプランする力が必要となる。そして、文章に内容を盛り込む際に、頭に浮かんだイメージを取捨選択する必要がある。幹と枝葉をふるい分ける作業である。それは中枢性統合の働きが必要であろう。また、自分が書いた文章が相手にどう伝わるか、相手の視点にも立ちながら表現をわかりやすく整えることには心の理論が関係する。

さらに、読み手にどのように自分の意図を伝えるかについては語用論が関係し、一貫したテーマで心の状態に関する表現も含め筋の通った文章を書くためにはナラティブが関係する。

先に例で挙げた作文でいえば、ダンスのことだけを作文に書けばよく、いつ、だれと、どこでダンスを踊ったか、どんなところ

図5

を頑張ったか、うまく踊れたかどうか、どんな気分だったか、などを順番に書けばよいのだが、それを自分だけで頭の中だけで行うのが難しかったのだろう。

作文を支援する方法

作文が苦手なＡＳＤの子どもにとって作文が書きやすくなる方法がある。そのひとつは写真を活用するやり方である。「夏休みの思い出を作文に書きなさい」といった宿題はよくあるものだが、そのために、参加したイベントの写真を撮りためておく。そして、その写真を使って、次の手順で支援を行う（図5）。

まず、撮った写真を机の上に広げる。そして、その写真たちの中から、好きな写真を選ぶ。何枚かの写真を選んだら、次に、その写真を行った順番に時系列に沿って並べる。つまり写真で話を作るのである。それから、順番に並べた写真の最初の写真から、その写真に写っていることを文で表す。ひとつの写真にひとつの文を書けば可とする。そして最後に、文と文のつなぎ方や出だし、終わりの表現などは手伝ってもらいながら文章全体をまとめる。写真の選択は中枢性統合へのサポート、写真を手に取ってそれを見ながら並べることは実行機能へのサポートに相当する。

この方法の発展型としてＫＪ法の手続きを借りることもできるだろう。アイデアをカードや付箋などに書き綴り、カードを並べてグループ分けしたり、矢印を引いてグループ間の関係を考えたりすることで、視覚的な補助のもとに文章を構成するわけである。思考を整理するツールであるマインドマップを利用する方法もある。

発達障害があり通常の学習スタイルでは学校で苦戦している子どもたちも、彼らの認知や言語のスタイルに合ったやり方ならば無理なく学習に取り組める可能性がある。作文のようなハードルの高い課題においてもそのことはあてはまるだろう。

【参考文献】

・仲野真史・長崎勉「健常児と自閉症児におけるナラティブ産出：フィクショナルストーリーとパーソナルナラティブの分析から」心身障害者研究、30、35-47、2006

第2章

作文を支援するための視点

阿部利彦

書く支援の視点を見直してみる

1 誤解の少ない文を心がける

訪問見学したある小学校で、6年生の子どもたちがこんな課題に取り組んでいました。

「研究者が開発したAIロボットはかしこい」

この文において「かしこいのは研究者かAIか」を考えるというものです。

これは「文の組み立て」（光村図書6年生上）という授業の中で、語順、主語と述語の関係、かかり方などに気をつけて、わかりやすく文を組み立てることを学ぶものです。あえてわかりにくい文を題材にして子どもたちに考えさせるのが先生のねらいでした。

もちろん「かしこいのは研究者なのかあるいはAIなのか」ということを考えるわけですが、私としては「この文章がわかりにくく書かれている」ということにひっかかる子どもが出てきてくれないかな、と思って見ていました。

するとあるお子さんが「自分が文章を書くときには、なるべくわかりやすい文章になるように、文の組み立てをよく考えて書くようにしたいです」と発言してくれたのです。

作文といっても、なにも完璧で美しい文章を書けるように、とは思いません。しかし、書き手の主張や思いが伝わりやすい文を書くこと、または誤解されることの少ない文を書くことを心がけるのは欠かせないことだと考えます。

こうした「文の組み立て」において、誤解される可能性のある短い文を他にも考えてみました。

例えば「近藤先生は出かけていませんでした」はどうでしょう。近藤先生は出かけていて不在だったのか、それとも出かけないで校内にいたのかがはっきりしません。

「5年生全員が目標を達成していない」という文も、5年生には目標を達成した人が一人もいないのか、あるいは5年生には目標を達成した人も達成していない人もいるのか、がよくわかりません。

これらの文は、前後関係や文脈が読み取れれば明確化される場合もありますが、その文だけで読み手にズレが生じないように工夫することも大切なのではないでしょうか。

2 日本語の自由度

前述の「文の組み立て」という文章の冒頭では、「言葉の順序」を考えさせるために、木を、庭に、ぼくは、植えた、昨日、というカードを並べかえて意味の通る文を作ります。「植えた」という述語は文の最後に置かれることがほとんどですが、それ以外の言葉の場所は子どもたちによって変わってきます。その組み合わせは何通りにもなりますが、どれも間違いではありません。

また、場合によっては、「ぼくは」や「庭に」など強調したい言葉をあえて最後に配置して、倒置によるインパクトのある文を作ることもできないわけではありません。このように、日本語というのは場合によってはかなり自由度が高い言語であると言えるでしょう。

正しい構造の文、間違いのない文、より長い文を書かせようとすると、子どもたちは書くことを恐れるようになります。

ある程度のルールが守られていれば、文を作ることを恐れる必要はないし、同じ言葉を使ったとしても子どもによって語順に違いがあり、それがまた文の味わいにつながるかもしれないということです。

3 読み手をイメージして書く力

作文指導については、かつては「手紙を上手く書く力を身につける」ことがスタートだったといわれています。しかし、授業の中で扱われる作文は、いまや書かなければならないから書く「書かされる作文」であり、誰に向けて何のために書くかがはっきりしないこともしばしばです。

とくに作文では、①記録する文、②説明する文、③感想文、④紹介する文、⑤推薦する文、⑥報告する文、⑦提案する文、⑧意見を書く文など、一方的に書くのではなく、相手を意識して文を作らなくてはなりません。しかし、書くことの苦手な子どもたちはとくに、誰に向けて書くかのイメージが持ちにくいのです。

そこで、読み手を意識させるための配慮が必要になります。小学校低学年の場合などは、家族や仲のよい友達など、誰に読んでほしいかを焦点化することで、書く意欲を引き出すことができるでしょう。架空の相手ではなく、読み手を「見える化」するのです。

また、もしご家庭に協力してもらえるならば、その作文を実際に読んでもらい、プラスのフィードバックをしてもらえると、さらに子どもたちのモティベーションを高められると思います。

4 書き方の決まりを学ぶ

作文には決まりがあります。その決まりとは、「そうしなければならない」というよりも「それらのルールを守ることで、より伝わりやすくなる」「誤解が生じにくくなる」ためのものです。つまり書き手を縛るのではなく、書き手にとってもプラスになっていくルールであるということです。

「、」をうつか、うたないかで、文意が変わってしまうものもあります。「サッカーをしている鈴木さんのお兄さんは小学校5年生です。」という文は、サッカーをしている鈴木さんなのか、鈴木さんのお兄さんなのかはっきりしませんが、例えば「サッカーをしている鈴木さんのお兄さんは、小学校5年生です。」のように「、」をうつと、サッカーをしているのがお兄さんである可能性が高まります。

主語と述語の関係をしっかりおさえるのも、書いている文にねじれを生じさせないためです。大学生や院生が書くレポートや論文にも、長い文章が複雑にからんだ状態のねじれが生じたまま提出されているものがよくあります。

先ほどの「文の組み立て」では、①二つの主語と述語の関係があり、対等にならんでいるものと、②二つの文のうち、前の部分が文の中心の主語を修飾する言葉になっているものの二つのタイプが出てきます。このような主語と述語の関係についての整理を

もっと学ぶことができていたら、学生たちもレポートの「ねじれ」を回避できたかもしれません。

文の決まりや構造を具体的に理解することは、書き手である子ども自身にとってメリットがあることを伝えていく必要があると考えています。

特別支援教育の視点をプラスする

1 ワーキングメモリの不足を補う

第1章で藤野先生が実行機能について触れていますが、そこにも「ワーキングメモリ」という言葉が登場します。このワーキングメモリとは、作業記憶とも呼ばれているもので、ちょうど頭の中で付箋紙のような役割を果たします。

ワーキングメモリには一時的に記憶を保管する「貯蔵」の機能と、いくつかの記憶を保持しながら操作して処理するための「処理」の機能があります。そして、このワーキングメモリの容量には個人差があると言われています。

文を書くことにおいてもこのワーキングメモリは重要です。書く内容を記憶にとどめておく「保持」機能と、それを出力し、文と文の接続を考え、読み手にわかりやすいように整えていく作業のための「処理」機能を使います。正しい語句を使っているか、

誤字脱字はないか、句読点は間違っていないか、文章の構成に問題はないか、など自分の書きたいことを見失わず保持し続けながら、並列的に作業をするのです。

学びにつまずきのある子どもは、ワーキングメモリをうまく使えずメモリ不足におちいる可能性があります。しかし、そのことは案外と見過ごされやすいのです。

ワーキングメモリを増やせないか、という考え方もあるでしょうが、現段階ではそれが可能なのか、可能であるならばどのような指導で増やすことができるのか、ということの明確な解答は出ていません。

しかし、頭の中の付箋を増やしたり、使いこなしたりすることが難しくても、外付けでメモリを増やすことはできます。それこそ、本物の付箋や、目的に即したワークシート、文と文の接続を見える化するためのシンキングツールなどが外付けメモリの役割を果たしてくれます。さらには、ICレコーダーやパソコン、場合によってはスマートフォンを活用することでも、ワーキングメモリの容量不足を補うことができます。

書くことにつまずきがある子どもたちの中には、そういうツールを使いこなすまでに時間がかかる子もいます。しかし、何らかの形で「文章を書く」ということはこの先の人生でも必要になるでしょう。そういう場面で自分の苦手をカバーできる具体的な方法を身につけておくことは、その子の可能性を広げてくれるはずです。

2 大切な情報にフォーカスさせる

私の大学院のゼミには、看護学校の先生も何人か所属しているのですが、ある先生は、授業で「この文章で重要だと思うところに線を引きなさい」と指示しても自分では判断できない学生が複数見られる、と話してくれました。

またある先生は「患者の病態を考えるために、この場面ではどの情報が重要でどの情報は必要がないか」という情報に強弱をつける判断をすることが難しい学生が多い、と話していました。

さらに、架空の事例を提示し、病態像をアセスメントさせる実習指導で、あえて重要な数値を含めずに看護学生に考えさせる方法をとったときの話も聞きました。どのような情報が必要かは事前に教えてあるので、「先生、○○の数値が書かれていないのでわからない部分があります」という意見が学生から出るはず、と想定していたところ、実際は誰からも情報の不足についての意見が出ず、看護学生たちは目の前にある情報だけで無理矢理に事例検討をしていたということでした。

たくさんの情報の中で、とくにどこに注意を向ければいいのか、情報をどう絞り込めばいいのか、そして、必要なのに足りない情報は何なのか、という思考は、文を作る際にも重要です。

しかしながら、重要な情報に焦点をあてる、情報を取捨選択する、必要な情報を集める、という方法を子ども自らが見つけ出せるかというと、実際にはそれはかなりハードルが高いことだと考えます。

ですからまずは、型として、文種ごとに情報の整理の仕方を教える必要があるでしょう。必要な情報を集め、それを整理するためには、さらに情報のつなげ方を学ぶことが求められます。

3 情報のつながりにくさをカバーする

第1章には、知的発達に遅れのない自閉スペクトラム症の小学1年生の例が登場しました。藤野先生によると「何をどのようにまとめればよいかわからず、とりあえずスペースを埋めるため、頭に浮かんだ言葉を片端から列挙し定型文に入れ込むやり方で作ったものだろう。」と分析されています。

自閉スペクトラム症のお子さんに限らず、書くことにつまずきがある子どもは、作文のテーマに関する話題について、自分の知っている情報や経験をとにかく全部出力しようとする傾向があります。そして、指定の文字数に達するまでそれらをひたすら書きったところで作文完成だと考えているようです。これは「情報羅列型」といえるでしょう。

一方、人に伝わりやすい文を書くのが得意な子どもは、知識を一度出力した後で、読み手にわかりやすくするために文と文の接続をなめらかにしようと試みます。時系列で整えるだけでなく、文種に即して「初め・中・終わり」の構造を考えたり、自分の意見に根拠をプラスしたり、問いと答えの関係を明確にしたりしていきます。この作業のためには、先ほどのワーキングメモリに加えて、具体から抽象へ、また抽象から具体へ、全体から細部へ、また細部から全体へと、情報の接続が必要になります。「情報接続型」の文と言えるのではないでしょうか。

「情報羅列型」から「情報接続型」へと子どもたちがバージョンアップするためには、接続の仕方を具体的に教えていく方法がよいでしょう。

それには本書の記録文の項で紹介されているような「まとめ方」のスモールステップ化が有効です。最初は書く量を減らして空欄を埋めるところから始め、次はヒントを少し減らして書く順序を意識させるようにし、最終的には、「初め・中・終わり」の枠だけにする、というように「守破離」のイメージで支援をフェイディング（徐々に手がかりを減らす）していきます。

4 見えにくいものを視覚化する

読み書きが苦手なお子さんのつまずきの背景には、例えば物語文の登場人物の気持ちを読み取ることの困難さがあります。藤野先生も触れている「心の理論」に関することです。この相手の立場に立って考えることの困難さ、つまり他者視点獲得のつまずきは物語文の読み取りを妨げます。

そのような困難がある子どもたちが苦手なのが、読書感想文です。そして「感じたままに書いてみよう」「好きに書いていいんだよ」「どんな気持ちがした?」などという声かけが支援にならないことが多々起こります。

子どもたちには手がかりの見つけ方を教えることが有効です。一番わかりやすいのは登場人物の行動でしょう。物語を盛り上げるような特徴的な行動に着目させ、「なぜそうしたのか」を考えさせるのです。そしてもう一つ、わかりやすいのは「せりふ」です。「せりふ」の読み方を考えていくうちにそれが登場人物の心情を読み取る手がかりとなります。

また、登場人物の気持ちの変化を視覚化した心情曲線を作ってみることも読書感想文作成のヒントになるでしょう。その際、登場人物の心情が変化したのはどの場面か、物語の山場はどこか、などを考えていくと、もし自分がそのような場面にあったらどう行動するかをイメージしやすくなります。

多くの場合、教科書の物語文には挿絵がついていますから、挿絵からもいろいろな情報がわかります。

「感じる」ことを言葉におこすことが苦手な子どもたちの場合は、「見えていること」「わかっていること」から具体的に確認していくことが感想文作成の大切なステップとなります。わかっていることには、時代背景や場所、季節、時間など物語の設定も含まれます。それらを組み合わせることで、自分と主人公との違い、さらには共通点を整理し、そこから感想文につなげていくことができるのです。

【引用・参考文献】
・海沼秀樹・西川義浩・中村和弘「板書で見る全単元の授業のすべて 小学校国語6年上」、東洋館出版社、2020
・阿部利彦編著「通常学級のユニバーサルデザインQ&A55」東洋館出版社、2017
・ジョン・ダンロスキー ジャネット・メトカルフェ「メタ認知 基礎と応用」北大路書房、2010
・三宮真智子「メタ認知：学習力を支える高次認知機能」北大路書房、2008

第3章

文種ごとの支援法&ワークシート

作文サポート&ワークの構成

本章は、「記録する文」「説明する文」「感想を書く文」「物語」「紹介する文」「推薦する文」「報告する文」「提案する文」「意見を書く文」の9つの様式について、次のように構成しています。

様式の概要（2ページ）

その文を書けるようになることのよさ、子どもたちにとっての難しさ、指導のコツを解説しています。

例文と書き方のポイント（2〜4ページ）

作文例と書き方のポイントを紹介します。子どもたちにも分かるようにポイントを説明していますので、最初に子どもたちにこのページを見せることで、ゴールのイメージをもちやすくなります。

ワーク（1つのワークごとに4〜6ページ）

例文のような文を書けることをゴールとし、子どもたちへの支援となるさまざまなワークを紹介しています。

取り組み方の違いによって「ステップ」と「チャレンジ」に分かれています。

ワークの取り組み方の違い

・ステップ……「ステップ1」→「ステップ2」のように、ステップアップ式に取り組むワークです。

・チャレンジ…その子に応じ、必要なワークを選んで取り組むワークです。

各ワークには対応するワークシートも用意しています。ワークシートをコピーして活用ください。

阿部利彦先生のまとめコーナー

紹介している指導のコツやワークの内容などについて、特別支援教育の視点から解説しています。

「チャレンジ」タイプ

ワークシートに「A」「B」「C」と記載されています。子どもの特性にあわせて、どれか1つを選んで使用してください。

本書では、「記録する文」「物語」「紹介する文」「推薦する文」の4つの文章でこの「チャレンジ」タイプを採用しています。

どれか1つを選んで取り組みましょう

「ステップ」タイプ

ワークシートに「ステップ1」「ステップ2」「ステップ3」と記載されています。「ステップ1」から順々に取り組むことを想定したワークシートです。

本書では、「説明する文」「感想を書く文」「報告する文」「提案する文」「意見を書く文」が「ステップ」タイプです。

ステップ1から順番に取り組みましょう

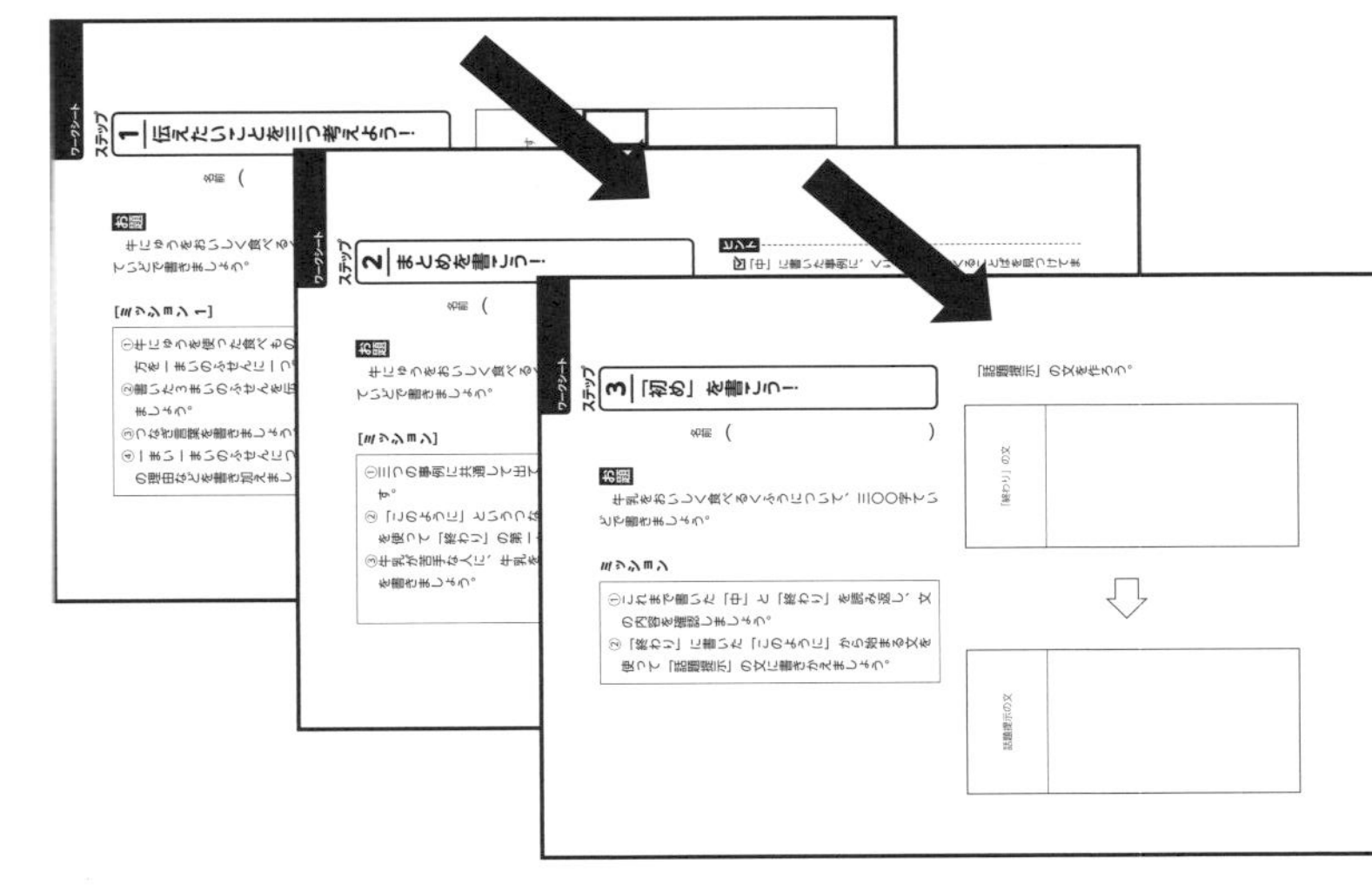

書くときのポイント（その他）			
形や大きさ、色のほかに、におい、手触りなど様々な感覚を働かせて分かることを書く。何度も観察する場合は同じ視点で変化に着目する。	具体的な数や長さなどの変化に着目する。	何かにたとえたり、それを見てどんな気持ちになったかを書いたりする。	何度も観察する場合は同じ視点で変化に着目して、前回の記録との違いを意識して書く。
それぞれの段落に、その段落のまとめとなる中心の文を書く。中心の文には話題やまとめに関わるキーワードを入れる。	時間や事柄の順序に沿って構成を考える。（初め、中、終わりでもそろえる）	辞書にのっていない特別な意味で使う言葉には「　」をつけたり説明したりする。	「このように」などの言葉で全体をまとめる。話題提示や中心の文に書かれているキーワードを入れると、より整理された文章になる。
どの場面や登場人物の言動が一番心に残ったか焦点化する。	もし自分がその登場人物だったら、と立場を置き換えて考えると、登場人物の言動の意味や価値が分かりやすくなる。	その場面や本全体を読んで思わずしたことやつぶやいたことなど、自分の行動を紹介する。	最後の部分では、作品全体から自分を振り返り、今後の生き方・考え方を宣言したり、作品を価値づける言葉を書いてまとめたりする。
事件が起きるなど、登場人物の日常と異なる出来事が展開する部分が起承転結の「承」になる。	想定外の問題やそれを乗り越える方法を考えると、物語が面白くなる。ここが、起承転結の「転」になる。	事件や問題を解決した後に主人公が考えたことや言ったことなどを書く。※物語の最初と比べて考えてみる。	気持ちを表す言葉といっしょに、それによってどうなったのか、どんな行動やしぐさをしたのかということを書くと、表現が豊かになる。
紹介するものや人の特徴を分かりやすく説明する。ものを紹介する場合は、辞書を使ってどのように説明されているかを読むと、ヒントになることもある。	書く内容が複数ある場合には、内容ごとに文や段落をわけると、読みやすくなる。	「終わり」で特徴をまとめて一言で表したり、今後していきたいこと、してほしいことなどを書いたりする。	
推薦するものや人の基本的な情報を紹介する。本の推薦であれば作者やジャンルなどを紹介する。	推薦するものや人のよい部分を推薦する理由として紹介する。良い部分の中で、推薦する相手や目的に応じた内容を選ぶことが大切となる。	どんな（よい）影響を与えてくれるかや期待できることを書く。	推薦するものや人について価値づけるような一言を加えると、説得力が増す。
事実と、自分の考えを区別して書く。	目的に応じ、写真や図などを使うことで読み手に伝わりやすくなる。	「調べて分かったこと」を報告する場合にインタビューやアンケートなど、知りたいことに合わせた調べ方を工夫するなど、適切な情報収集を行う。	
提案のテーマや具体的手立ては、提案を受ける側がどんなことをすればいよいのか具体的にイメージできるようにする。	読み手に賛成してもらえるよう、提案の理由を書く。理由は、読み手やみんなの生活が、よりよくなることを伝えられるようにする。	提案が実現した時の効果を示し、読み手が「それならやってみたい」と思えるようにする。	提案のための資料（写真・イラスト・フリップ・インタビュー等）を用意する。
自分の意見の立場（主張）を示す。ある事象や主張に対し、「賛成」「反対」「新たな立場」のいずれなのかを明確にする。	自分の主張の理由や根拠があると、説得力が増す。その際、事実（調べたこと・経験したこと）と、自分の考え（意見）は区別して書く。	読み手が考えそうな反対意見の理由や疑問を示し、それに対する反論を行うことで、納得してもらいやすくなる。	双括型では、冒頭部は完結に、「終わり」では力強く、宣言や呼びかけをするように表現する。

各作文の特徴と書くときのポイント一覧

様式	様式の特徴	掲載した例文の内容	書くときのポイント（例文の冒頭部）	ワークの種類	ワークシートの難易度
記録する文	昆虫や植物などの観察をする際に記録としてまとめる文。	育てているひまわりについて、観察カードに記録する文	日時や天気、場所などを書く。	チャレンジ	★～★★
説明する文	自分が知っていることや調べたことなどを、それを知らない人に、分かりやすく伝える文。	食べ方の工夫について、調べたことを説明する文	「話題提示（問い）」を書いて、これからどんな話をするのかが分かるようにする。	ステップ	★～★★
感想を書く文	物事に対して自分が感じたこと、思ったことなどを伝える文。本書では、読書を通して自分の心に残ったことなどを書く「読書感想文」の書き方を例示。	本を読んで感じたこと、思ったことなどを書く文（読書感想文）	本を読もうと思ったきっかけを書く。	ステップ	★★
物語	作者が見たり聞いたりしたことや想像したことをもとに、人物、出来事などについて語る文学作品。	架空の地図を見て、想像したことをもとに書く物語	登場人物の特徴（年齢や見た目の様子、物語に関係する好きなことや得意なことなど）や物語の場面設定（場所、時間など）を書く。	チャレンジ	★～★★
紹介する文	人物や事物について、それを知らない人に分かりやすく伝える文。本書では、自分が好きな食べ物を紹介する文を例示。	自分が好きな食べ物を紹介する文	名前、特徴、「絵本」や「スポーツ」といったそのもののジャンルや種類など、紹介する事物の基本的な説明をする。	チャレンジ	★
推薦する文	相手や目的に応じていくつかの候補から選択して薦める文。本書では、本の推薦をする文を例示。	クラスの友だちにぴったりの本を推薦する文	何に関する推薦に対して、何（誰）を推薦するのかを書く。	チャレンジ	★★～★★★
報告する文	調査や活動の内容について、そのきっかけや目的、計画、成果と課題などを整理して伝える文。	気になったことについて調査し、その内容を報告する文	冒頭に報告する内容の要約があるとよい。	ステップ	★★★
提案する文	行動などをいくつかの候補から選択して薦める文。	目的を達成するための具体的手立てを提案する文	提案のきっかけとして、経験したことや現状、問題点等を具体的に示す。	ステップ	★★★
意見を書く文	ある事実や他の人の意見に対して、自分の判断を伝える文。	身近な話題について、自分の意見を書く文	「初め」と「終わり」で主張を述べる「双括型」にすると、読む人に主張やメッセージを強く認識してもらう効果がある。	ステップ	★★～★★★

文種ごとの支援法&ワークシート

1 記録する文

記録する文を書けることのよさ

「記録する文」は、小学校低学年では、アサガオや野菜などの植物、中学年では昆虫などを観察する際に書きます。そこには、個性だけでなく、個々の能力や指導の成果が浮き彫りとなる場合もあります。

そもそも記録する文は何のためにするのでしょうか。

「小学校学習指導要領解説 国語編（平成29年7月）」では、第1学年及び第2学年、B書くこと（2）アにおいて、「身近なことや経験したことを報告したり、観察したことを記録したりするなど、見聞きしたことを書く活動」を言語活動として例示しています。記録とは、「事実や事柄、経験したことやしたことを忘れたりその時の思いが薄れたりしないうちに書く学習を設定することが有効である」とも記されています。

つまり、日々変化を続ける植物等について、その瞬間の姿やその時の感動を記録するために、書いて残す方法を学んでいくと考えることができます。

また、生活科や理科の視点からは、植物などの変化を記録として残すことで、成長の軌跡を振り返ることが可能になります。ただし、変化を見るには一定の視点が必要になります。同じ部分に着目することで微妙な変化に気づくことができます。逆に全体像をとらえることで、大きな変化を見つけることもできるでしょう。

つまり、記録する文を書くには、その記録をどういう目的で書いているのかを意識することが大切です。小学校低学年の発達段階では、その見通しをもつのはまだ難しい部分があります。ですから、どんな視点で、どんな書き方をしたらよいのか、その記録する技術を身につけていきます。

子どもにとっての困難さ

この時期の子どもは、支援的側面の個人差というよりも、全体的に何をどう書いてよいのかわからないことが多いです。

たとえば、アサガオの観察の際に、一生懸命に植木鉢から描き始めたものの、観察対象のアサガオはとても小さく描かれてしまう、ということもあります。野菜の成長を記録する際には、どの野菜なのか判断がつかない記録になることも少なくありません。葉の形や色など、その野菜特有のものが記録されていないのです。

指導のコツ

記録する文を書くスキルを身につけるには、個別の配慮というよりも授業全体を工夫し、そのようなスキルが身についていくようにする必要があります。

1 多感覚＋道具を使って書く

子どもたちがもつ観察の視点は、これまでの生活経験にもとづいていています。生活のなかで豊かな観察スキルが身についていればよいのですが、多くの子の場合、それは難しいでしょう。

人の感覚には、視覚、聴覚、触覚、嗅覚、味覚があります。学校では味覚を使うのは難しいと思いますが、観察の際に、何が見えるのか（視覚）、どんな音が聞こえてくるのか（聴覚）、触った感じはどうなのか（触覚）、どんなにおいがするのか（嗅覚）と、さまざまな感覚を使った観察方法を教えましょう。子どもが観察を通して伝えたいことが伝わりやすくなります。

ただ、これらは個人の感覚に委ねられる部分が大きいため、記録を友達と共有したときに、共感を得られにくい場合があります。

そうしたときには、数を数えたり、長さや重さを測ったりして記録することで、誰にでもわかりやすい観察記録となります。

2 観察したことを整理してまとめる

観察したことを、文字に起こし、文章として整えていきます。どう書いていいのかわからなかった子には、記録する文のフォーマットを提示するとよいでしょう。そうすることで、自分の頭の中にあるものを整理して、アウトプットしやすくなります。

3 観察したことを絵で伝える

記録する文の多くは、絵と文章をいっしょにまとめます。より正確に、観察時の記録として残しておくためです。気をつけたいのは、絵と文の内容が一致していることです。絵と文が一致していることでより記録の内容が正確になり、読者にも正しく伝わることになります。

もちろん、図画工作科の学習ではないので、絵がじょうずかどうかが評価の対象にはなりません。しかし、観察した結果、いちばん伝えたいことや特徴的な部分が伝わる絵を描くことは求められます。

子どもの中には、立体物を平面化するために、頭の中で情景を切り取ることが苦手な子がいます。写真を撮ったり、タブレットを用いたりしながら、絵として記録するスキルも身につけていきましょう。場合によっては、写真を記録として残す方法も検討します。

記録する文

昆虫や植物などの観察をする際に記録としてまとめる文

POINT 1 形や大きさ、色の他に、におい、手ざわり、動き方など様々な感覚を働かせて分かることを書きます。

POINT 2 具体的な数や長さなどに着目します。

POINT 3 何かにたとえたり、それを見てどんな気持ちになったかを書いたりします。

POINT 4 何度も観察する場合は同じ視点で変化に着目して、前回の記録との違いを意識して書きます。

POINT 5 記録する順序を考えて書きます。

文をまとめるのが苦手です。何かいい方法はありませんか？
↓チャレンジ2へ

POINT 6 伝えたいことを中心に（拡大）して絵を描きます。

POINT 7 題名には、一番驚いたことや友達に伝えたいことを入れます。

ひまわりのたねをかんさつしました。わたしのたねのかずのよそうは、5000こくらいです。

たねの大きさは、小さく、1〜2センチメートルくらいでした。POINT 1 たねは、きいろいはなのもとでまもられています。たねのかずは、1296こでした。POINT 2 たねは、まん中にいくにつれて、小さくなりました。

1このたねで、1296こものたねができるのにおどろきました。POINT 3 1296このたねから、また花が1296こさくから、ふえるスピードがはやいとおもいました。

チャレンジ 1

目、耳、鼻、手、道具を使って書こう！

ねらい

適切な記録文を書くためには、何を、どんな方法で観察し、どのくらい書けばいいのか、具体的に理解していること、さらには、そのスキルが身についていくことが大切です。ここでは、どんな観点で観察し、具体的に何を記録すればよいのかを紹介します。

手順

それぞれの子どもの実態に応じて、A～Cのワークシートの中から適切なものを選んで使用します。

① ワークシートA

観察というと、子どもたちは視覚的な情報ばかりに頼りがちです。また、はじめは、それぞれの観察の視点を、より具体的に示すことが大切です。ワークシートAでは、4つの感覚を使って観察の視点を学んでいきます。□に「黄色」や「ザラザラ」など、観察して分かったことを記入し、文に表現します。

② ワークシートB　支援のポイント

ワークシート（チャレンジB）で観察ツールを使います。そもそも観察記録は、観察したことを他者に伝えることを目的としています。観察ツールを使用することで、相手意識をもって記録する大切さを学びます。

③ ワークシートC　支援のポイント

観察することは、新たな発見を目指しています。新たな発見をするためには、同じ視点だけで観察していては難しいでしょう。そこで、観察の視点を広げるために必要なスキルを身につけていきます。

Worksheet

A め、みみ、はな、て、どうぐを つかって かこう！

名前（　　　　　　　　　　）

【チャレンジ】

□にみたり、においをかいだり、さわったり、おとを きいたりしたことを かきましょう。かいたことばと、うえと したの ことばを つなげて ぶんにしましょう。

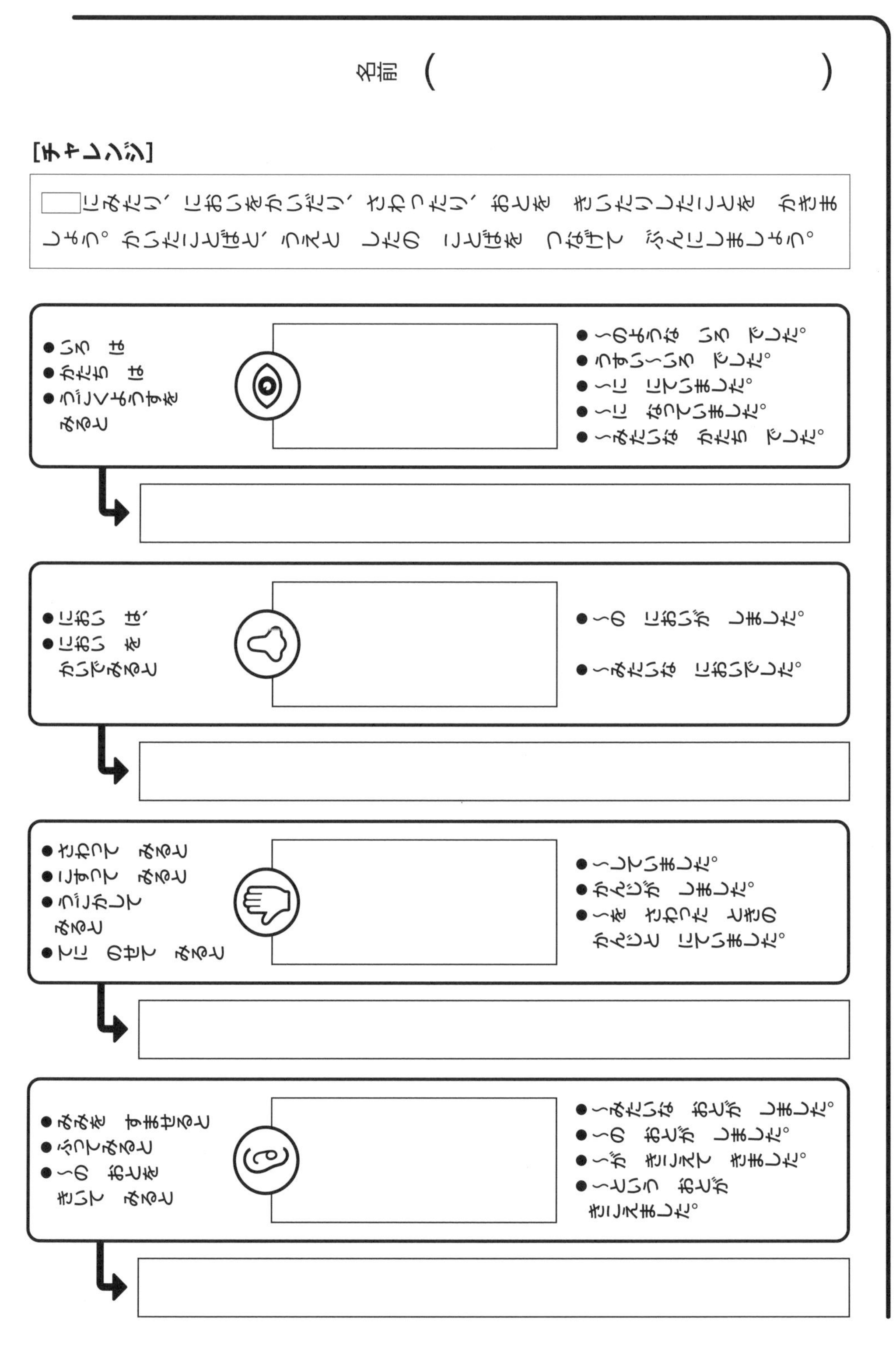

B め、みみ、はな、て、どうぐを　つかって　かこう！

名前（　　　　　　　　）

[チャレンジ]

いろいろな　アイテムを　つかって　メモしましょう。すべての　アイテムを　つかわなくても　よいです。かいた　メモを　もとに、かんさつカードに　かきましょう。

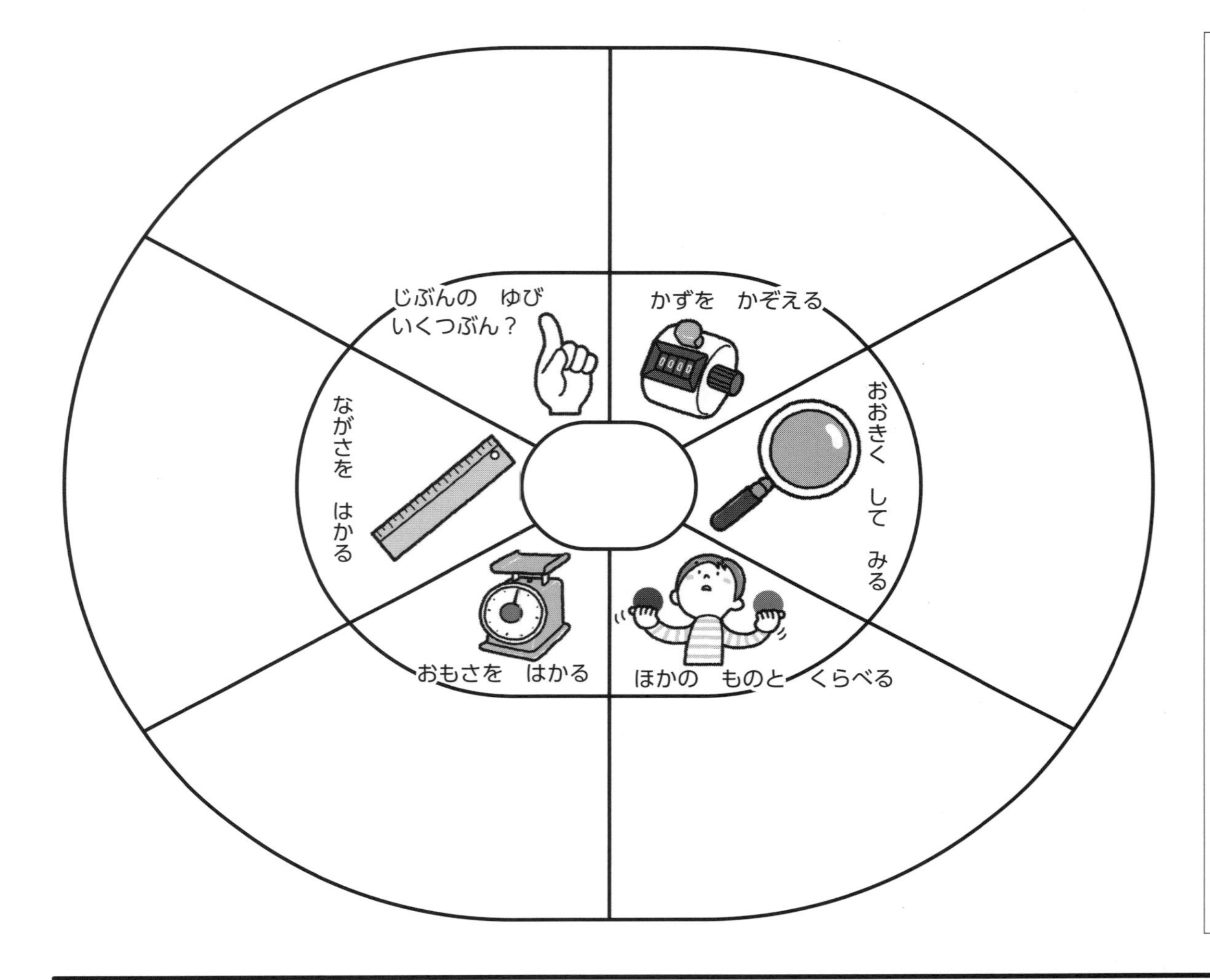

C め、みみ、はな、て、どうぐを　つかって　かこう！

名前（　　　　　　　　　　　　）

［チャレンジ］

いろいろな　ほうほうで　かんさつすると、きが　つかなかったことを　はっけん　できます。つぎの　ほうほうを　つかって　かんさつし、メモしましょう。メモしたものを　つかって、かんさつカードに　かきましょう。

ほうほう	まえの　かんさつと　くらべる			みかたを　かえる			ツールを　つかう
かきかたのれい	まえは、～でしたが、いまは～に　なっていました。	●にちたつと、～になりました。	はじめは～でした。	うえから　みると、～になっていました。	したから　みると、～になっていました。	うらから　みると、～になっていました。	●●をつかって　かんさつすると、～なのがわかりました。
じぶんで　かいてみよう							

チャレンジ 2

観察したことを整理して書こう！

ねらい

観察したことをメモできても、文章にまとめることが苦手な子がいます。「あれも」「これも」と書きたいことが頭の中をめぐり、整理できないことが要因の一つです。ここでは、情報を文章にまとめる方法を紹介します。

手順

子どもの実態に合わせて最適なシートを使用します。

① ワークシートA　支援のポイント

書くことに特に苦手意識がある子向けの穴埋め形式のワークシートです。空欄を埋めるために、子ども自身が探しながら観察していきます。上段にはヒントになる質問が入っています。

② ワークシートB　支援のポイント

ワークシートAよりも、ヒントの要素を減らしています。「なか」では、「はじめに」や「つぎに」など、順序を表す言葉を入れています。

③ ワークシートC　支援のポイント

書くことになれてきたら、これを使うようにします。

「ちょい足し支援」のアイデア

この表は、「はじめ」「なか」「おわり」の役割のめやすです。繰り返し提示することで、子ども自身も意識して書くようになります。「はじめ＝赤」「なか＝青」「おわり＝黄」のように、色分けすると分かりやすくなります。

はじめ	なか	おわり
なにを観察したのか なにを考えて、どのような気持ちで観察したのか 予想　など	観察してわかったこと 調べたこと 気づいたこと おどろいたこと　など	一番かわっていたこと 一番伝えたいこと 次に観察したいこと 上手に育てるためにしたいこと

A かんさつ したことを せいりして かこう！

名前（　　　　　　　　）

［チャレンジ］

「はじめ」「なか」「おわり」に かくことを せいりしよう。

はじめ	なか	おわり
✓ なにを かんさつ しましたか？ ✓ まえの かんさつより、どうなって ほしいですか？	✓ まえと いまでは、どんな ちがいが ありますか？ ✓ どんないろを して いましたか？ ✓ さわった かんじは どうでしたか？	✓ おどろいた ことは なんですか？ ✓ こんど かんさつする ときには、どう なっていて ほしいですか？ ✓ そのために、どうし ますか？
わたしは、＿＿をかんさつしました。まえに かんさつした ときより、＿＿いて ほしいと おもって かんさつ しました。	まえは、＿＿けど、いまは＿＿ありました。色は＿＿で、＿＿していました。さわったかんじは＿＿して いました。	＿＿いて、すごく おどろき ました。こんど かんさつ するときには、＿＿いて ほしいです。まい日 わすれずに、＿＿たいです。

Worksheet

B かんさつ したことを せいりして かこう！

名前（　　　　　　　　）

【チャレンジ】

「はじめ」「なか」「おわり」に かくことを せいりしよう。

はじめ

わたしは、□を かんさつ しました。
まえに かんさつしたとき より、□
いて ほしいと おもって かんさつ しました。

なか

はじめに、□を しらべました。
□くらい ありました。
つぎに、□を しらべました。ぼくの
□つ分 くらいの 長さでした。

おわり

まえに かんさつ したときより、□
□のが すごかったです。こんど か
んさつするときには、□ い
ると おもいます。

Worksheet

C かんさつ したことを せいりして かこう！

名前（　　　　　　　　　　）

[チャレンジ]

「はじめ」「なか」「おわり」に かくことを せいりしよう。

はじめ

わたしは、［　　　］を かんさつ しました。

なか

はじめに

おわり

チャレンジ

3 観察したことを絵で伝えよう！

ねらい

絵を描くことに苦手意識が強い子は、実物から観察した部分を切り取るのが難しい場合があり、不十分な指導では、観察記録文に書いた内容が反映されていない絵になってしまいます。伝えたい部分が強調されるように、どんな絵を、どのように描くのかを明確にします。

手順

① ワークシートA　支援のポイント

どこを見たらよいのかわからない子がいます。デジタルカメラやタブレット等で、一度平面の写真にすることで、絵に表しやすくなります。

② ワークシートB　支援のポイント

「支援ポイントA」と同じ考え方です。枠を設けることで、頭の中で目標物を切り取ることができ、平面に変換しやすくなります。これは、図画工作科で風景画等を描く際にも用いられる手法です。

③ ワークシートA　支援のポイント

たとえば植物の観察の際、子どもは、どうしても全体像を描こうとします。観察してほしい葉や茎、花などではなく、土や鉢まで描いてしまうのです。学習のねらいが、植物の変化や特徴を見つけることなのであれば、土や鉢などを描く必要はありません。

虫メガネスペースをつくることで、拡大して描くことを自然な形で意識できるようにします。授業で使用するワークシートに虫メガネ部分を書き足すだけでも効果的です。

できるだけ細かく、詳しく描くように声をかけます。
観察記録に残すことが絵で表れるようにします。

特に伝えたいことは、大きく描くようにします。
虫メガネで空間を切り取るイメージです。

A かんさつ したことを えで つたえよう！

みつけた ものの しゃしんを とって、えに しよう。

しゃしんをはります。

かいたものは、きりとって
かんさつカードに はっても よいです

B かんさつ　したことを　えで　つたえよう！

名前（　　　　　　　　　　）

［チャレンジ］

みつけた　ものを　しかくい　わくを　とおして　みて　えにしよう。

①　ひだりの　しかくを　あつめの　ようしに　いんさつして、まんなかの　しかくを　きりぬき　ましょう。

②　きりぬいた　まど　から、かんさつ　したものを　のぞいて　みます。

③　みえている　ぶぶんを　かんさつカードに　かきます。

なまえ

きりぬく

C かんさつ　したことを　えで　つたえよう！

名前（　　　　　　　　　）

[チャレンジ]

えを　かくところに　むしめがねを　いれて　えを　かんせいさせよう。

① かんさつして、つたえたい　ぶぶんを　えに　あらわしましょう。

② とくに　つたえたい　ぶぶんは、むしめがねの　なかに　かきましょう。

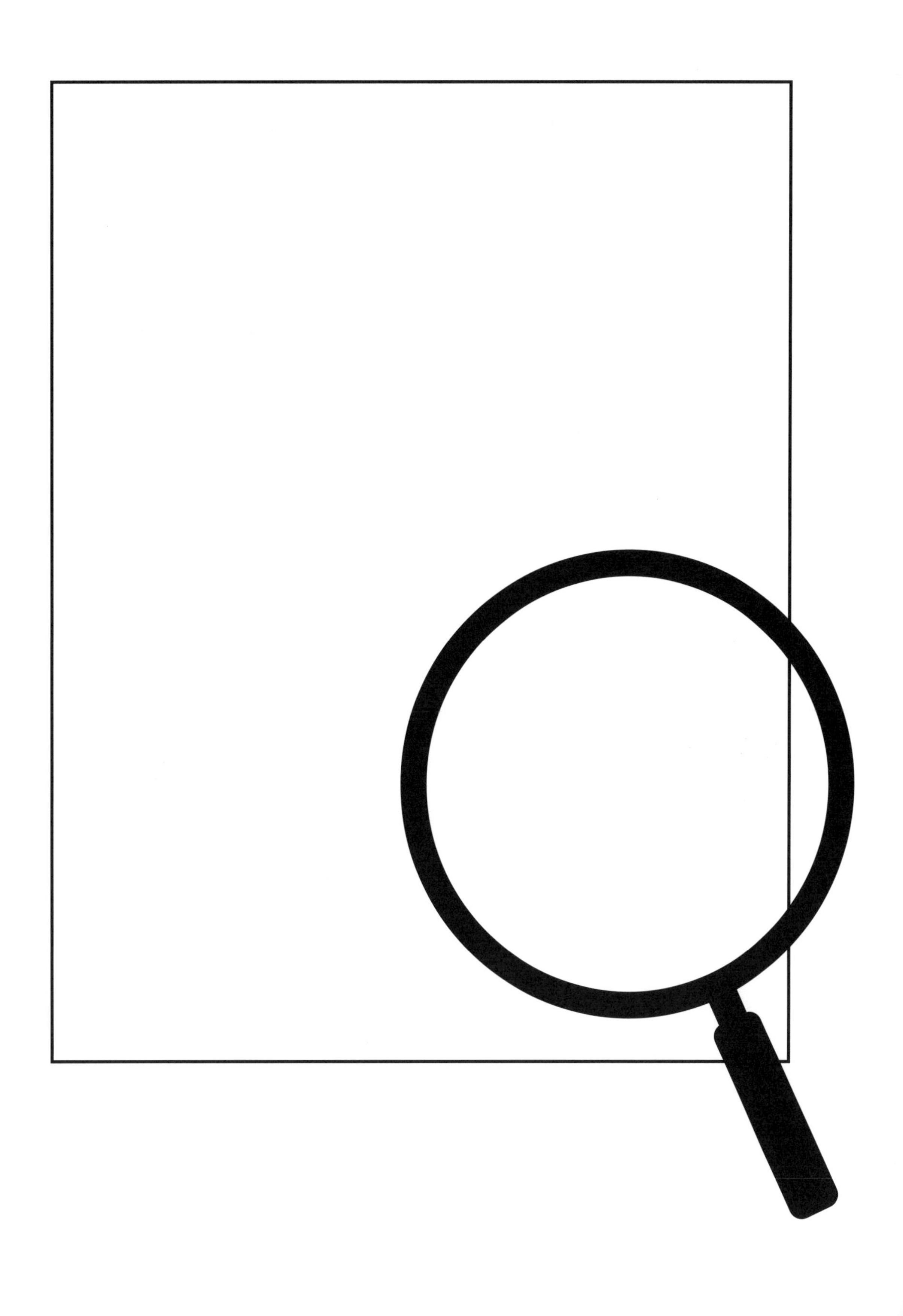

記録する文のまとめ

「記録する文」の書き方を学ぶことは、物事を多面的にとらえるための視点を身につけることにつながります。

子どもたちは、自分がなんとなく感じ取ったものをどうすれば具体的に文章で表せるのかをつかむことができるのです。

それは、五感を働かせる「多感覚の学び」、ある視点を維持してとらえる「時間軸での学び」、そして今まで見ていたものを視点を変えて新たにとらえ直す「リフレーミング的な学び」の機会になります。

とくに、今までのものの見方を変えるためには、視点を変える方法を具体的に教わる必要があります。子ども自らの気づきが起こればいいのですが、その気づきが起きにくい子どもには大人が具体的なヒントを提示することです。たとえば、数値化する、拡大する、比較する、長さや重さをはかる、別のものに例える、などです。「比較する」については、別のものとの比較の他に、前述した時間軸つまり時間の経過とともにどのような変化が起きたかを比べてみる方法があります。

発見することは上手だけれどまとめるのが苦手、という子どももいると思いますが、いろいろな発見ができれば、まとめ方はスキルによってカバーすることができます。

文種ごとの支援法&ワークシート

2

説明する文

説明する文を書けることのよさ

「説明する文」とは、その字のごとく、自分が知っていることを相手にわかりやすく説明する文のことです。ポイントは、「わかりやすく」というところです。

わかりやすい文章を書く上で重要なのは、「誰にとって」わかりやすいのかということです。読者にわかりやすく伝えるためには、伝えられる内容を読者がイメージしたり、納得したりできる内容でなければなりません。そのためには、「初め・中・終わり」のうちの「中」で挙げられる事例の選択が重要です。具体的で、読者にとって身近な事例を選ぶことが大切です。複数の事例をどのような順序で並べていくのかも重要な視点になります。

説明する文が書けるようになることで、相手意識をもって自己の考えや自分がもつ情報をわかりやすく伝える基礎が定着していくのです。

秋田（2011）は、人は文章を読むときには、「ボトムアップ処理」と「トップダウン処理」の双方が絡み合って理解すると指摘しています。前者は、書かれている語句、文、段落へとつなぎ、組み立てていく認知処理過程です。後者は、書かれているものの何と何をつないでいくのか、どちらの方向へつないでいくとよいのかなどの既有知識により処理していく過程をいいます。

実際に、説明する文を書くことを通して、文章構成に関する知識を得ることができます。これが、トップダウン処理の際に必要となる既有知識となります。つまり、書くことによって、読む力を育てることもできるのです。

子どもにとっての困難さ

子どもの中には、書きたいことがあっても、それらが次々と頭の中を駆けめぐり、整理できなくなって、書けなくなる子がいます。そうした子たちへは、頭の中の交通整理をしてあげる必要があります。

それにもかかわらず、国語の授業では、その点への配慮が十分とはいえない状況もあります。これから紹介する指導のコツは、一斉指導の工夫のヒントとして、さらには、一斉指導だけではカバーできない部分について、支援するヒントになると思います。

指導のコツ

頭の交通整理をする際には、「具体」と「抽象」を意識するようにします。低学年の子どもは、発達段階から、出来事や体験など、「具体」を考えることは得意ですが、まとめなどの「抽象」を考えることが苦手です。また、低学年であっても、一定の文章構成を意識して書くことで、今後説明する文を書くときに活用できる力を身につけることもできます。子どもの書きやすさをサポートすると同時に、適切な文章構成に関する知識も定着できるよう、次のような順で指導するとよいでしょう。

1 「具体」の「中」から書く

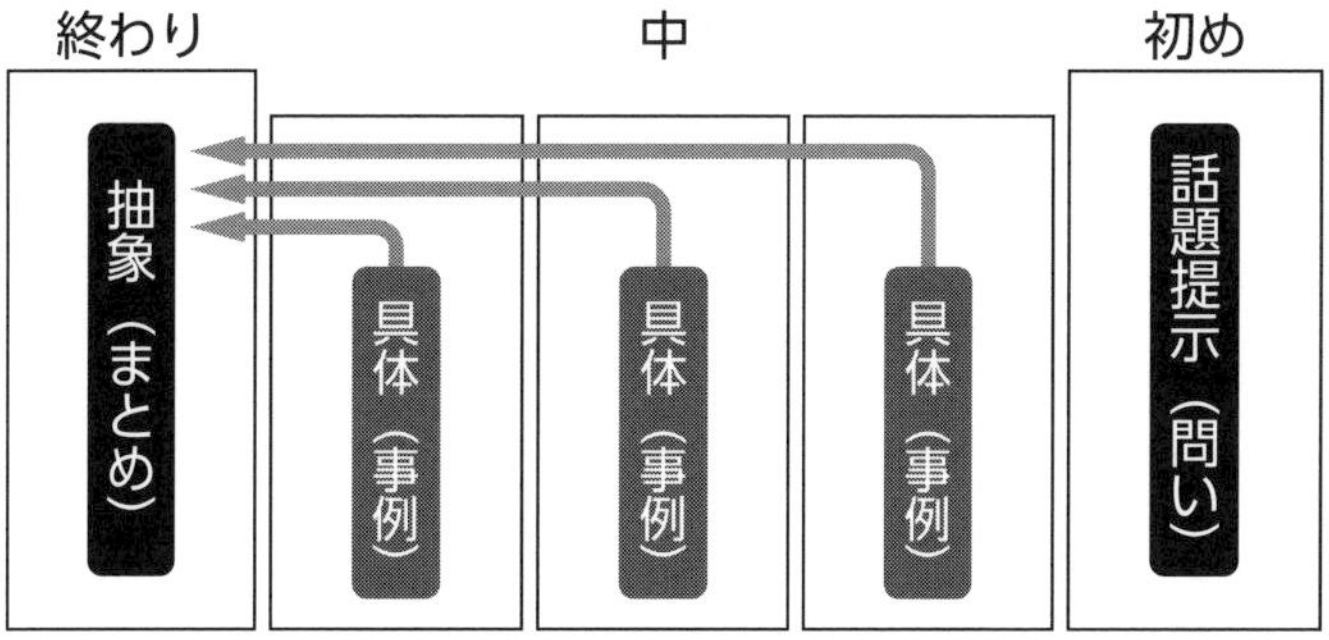

初め	中			終わり
話題提示（問い）	具体（事例）	具体（事例）	具体（事例）	抽象（まとめ）

説明する文を書く際に重要となるのは具体です。子どもが考えやすいのも具体です。つまり、重要かつ考えやすい具体が書かれる「初め」「中」「終わり」の三段構成のうち、「中」から書くことで、子どもの取り組み方は劇的に変わります。

さらには、具体（事例）として挙げる内容について、付箋を使って選別や順序等を工夫することで、よりよい文章に工夫することになります。タブレットがある場合は、アプリケーションを効果的に使って、具体（事例）の順序等を考えていってもよいでしょう。

2 「まとめ」の「終わり」を書く

具体（事例）がそろうことで、それらの共通点を見つけることができます。共通点を意識して、まとめの段落をつくることで、文章全体を包括するような「終わり」部分を書くことができるのです。

子どもの中には、共通点を見つけることが苦手な子がいます。繰り返し出てくる言葉を探したり、何について説明する文だったかを思い出したりすることで、共通点を見つけやすくなります。

3 「初め」を書く

「初め」を最後に書くことがポイントです。突然詳しい内容を説明し始めても、読者の意欲は高まりません。読者が安心して、興味をもって読み始めるためには、これからどんな話が始まるのかが伝わる程度の書き方がおすすめです。ですから、「話題提示」では、身近な話題を用いたり、「問い」では、読者に問いかけたりすることで、説明したい内容を読者にとって「自分事」としてとらえてもらえるようにしていきます。

いずれにしても、指導者あるいは支援者が、子どもの思考にそって学習活動を展開していくことが大切です。

説明する文

自分が知っていることや調べたことなどを、それを知らない人に、分かりやすく伝える文。

すがたをかえる牛にゅう

初め

牛にゅうには、いろいろな食べ方のくふうがあります。POINT 2

中

初めに、POINT 3 きんの力をかりるくふうがあります。牛にゅうに、にゅうさんきんというきんをくわえて、はっこうさせます。やわらかくかためると、ヨーグルトになります。

つぎに、ほかのものとまぜるくふうがあります。POINT 4 牛にゅ

POINT 1
「初め」「中」「終わり」の三つに分け、具体的説明（事例）は、「中」に三つ程度書きます。

POINT 2
「話題提示（問い）」を書いて、これからどんな話をするのかが分かるようにします。

「初め」には、どんなこと書いたらいいの？
↓ ステップ 3 へ

POINT 3
順序を表すつなぎ言葉を使うと、読みやすくなります。

「中」では、どんなこと書いたらいいの？
↓ ステップ 1 へ

中

うにさとうやたまごなどをまぜ、ひやしてかためると、アイスクリームになります。
　そして、中にあるせい分をとり出すくふうもあります。牛にゅうの中にある「にゅうしぼう」というせい分をとり出し、まぜてかためると、バターになります。

終わり

　このように、牛にゅうは、いろいろなくふうをして食べられています。POINT 5 牛にゅうがきらいな人も、牛にゅうがすがたをかえている食品を食べてみてください。牛にゅうが好きになるかもしれません。

POINT
それぞれの段落には、その段落のまとめとなる中心の文があります。中心の文には、話題やまとめに関わるキーワードが入ります。上の例では、「くふう」という言葉がそれです。順序を表す言葉「まず」「つぎに」なども入れましょう。

POINT 4
中心の文に、くわしい説明（作り方など）を書き加えます。辞書にのっていない特別な意味で使う言葉には「」をつけて説明します。

POINT 5
「このように」などの言葉で全体をまとめます。話題提示や中心の文に書かれているキーワードを入れると、より整理された文章になります。また、全体を踏まえた自分の考えは、最後に書くようにします。最後は、力強い表現で訴えるようにすると、説得力のある文章になります。上の例では、「…のです」という表現を使っています。

まとめ方がわからないな。
↓ ステップ2へ

ステップ1

調べたことを三つ伝えよう！

ねらい

何かを説明するとき、一番大切なのは、具体的な内容です。それが伝わらなければ、意味がありません。ここでは、「初め」「中」「終わり」のうち、「中」に書かれる具体的内容（事例）について整理します。

手順

①調べたこと3つについて付箋に書く

付箋に書いたものが、中心の文となり、それについて詳しく述べる文を加えて、一つの形式段落をつくります。

②どの順番で伝えるのか決める

「中」に並ぶ具体的内容（事例）の並べ方を考えることは、効果的に伝えるために大切な作業です。時間の順序、読者に身近な順序等、並べ方を工夫します。

「ちょい足し支援」のアイデア

●文章を考えることが苦手な子は、書きたいことが思い浮かばなかったり、次から次へと思い浮かんで情報が交錯してしまいます。その整理が必要です。

●どの順番で伝えるのかを考えることは、読者を意識するためにとても大切です。しかし、頭の中でのみそれをしようとすると、混乱してしまいます。付箋を操作しながら並び替え、頭の中を視覚化していきます。

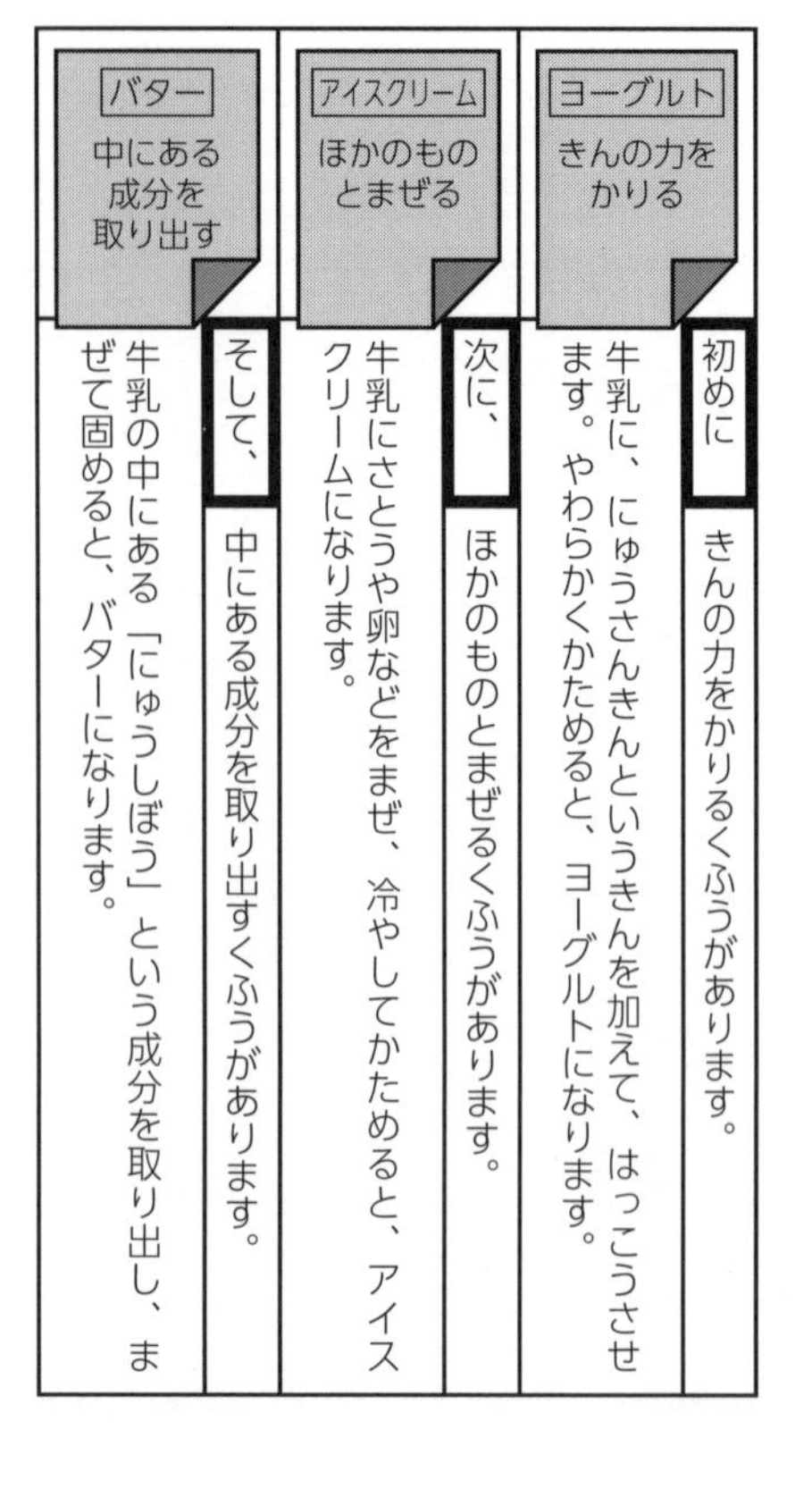

ステップ1 伝えたいことを三つ考えよう！

名前（　　　　　　）

お題

牛にゅうをおいしく食べるくふうについて、三〇〇字ていどで書きましょう。

【ミッション1】

①牛にゅうを使った食べものを三つ考えて、その食べ方を一まいのふせんに一つずつ書きましょう。
②書いた三まいのふせんを伝えたいじゅんばんにならびかえましょう。
③つなぎ言葉を書きましょう。
④一まい一まいのふせんについて、くわしい説明やその理由などを書きくわえましょう。

ふせんをはります	ふせんをはります	ふせんをはります

ステップ **2**

まとめを書こう！

ねらい

「終わり」部分を書きます。これは、まとめの役割をしているので、「中」の具体的説明（事例）の似ているところや共通点を見つけ、書いていきます。

手順

① **共通点を見つける**

　3つの事例の共通点（共通して出てくるキーワード等）に印をつけます。

② **「終わり」を書く**

　「このように」というつなぎ言葉と印をつけた言葉を使って「終わり」の第一文を書くようにします。

③ **読んでいる人におすすめの一言を書く**

　牛乳が苦手な人に、牛乳をおすすめするメッセージを書きます。

「ちょい足し支援」のアイデア

●まとめるのが難しい子は、物事の共通点を見つけ出すことの苦手さが背景にあります。視覚的な手立てを活用しながら、共通点を見つけられるようにします。

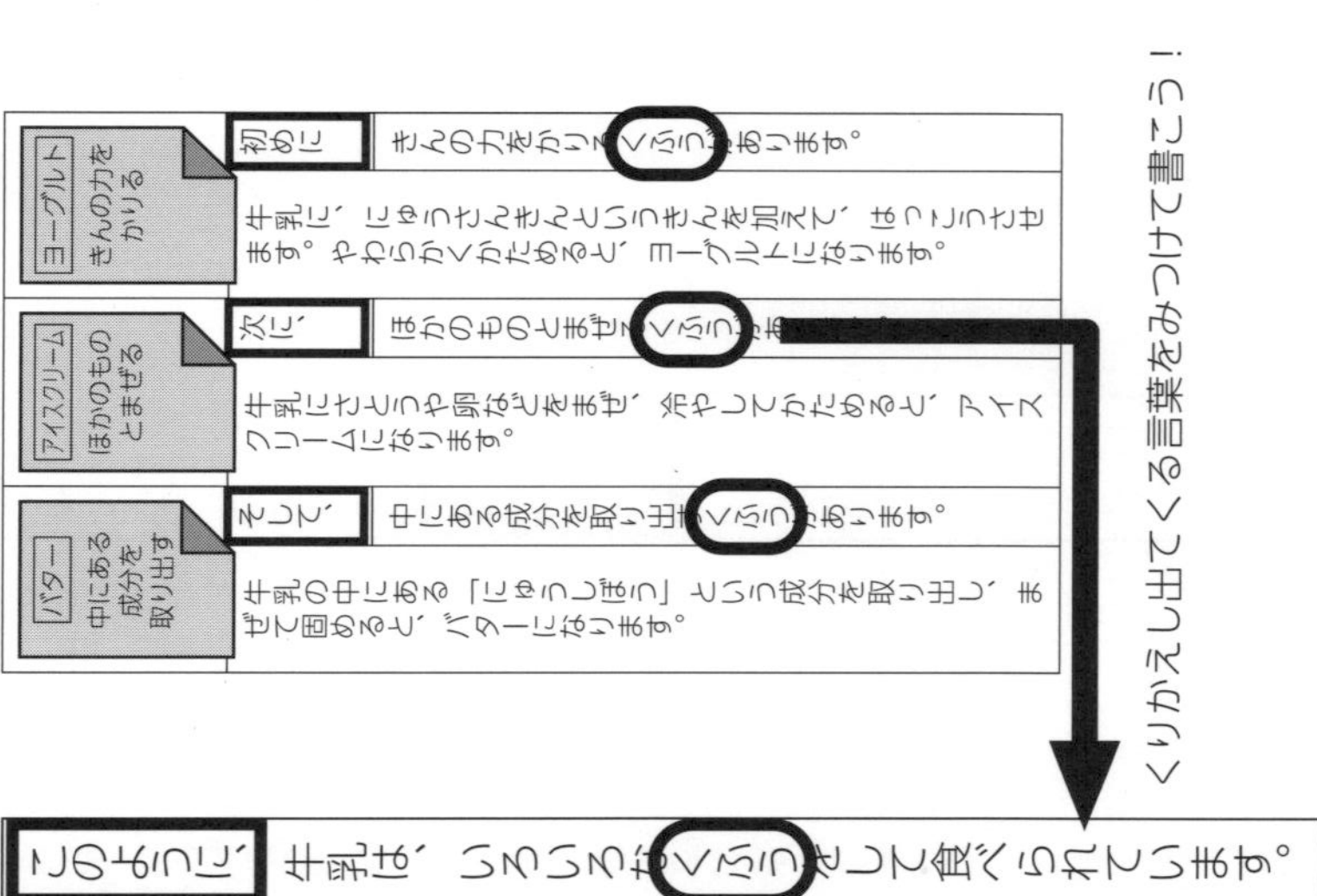

ヨーグルト
きんの力をかりる
初めに
きんの力をかりるくふうがあります。
牛乳に、にゅうさんきんというきんを加えて、はっこうさせます。やわらかくかためると、ヨーグルトになります。
アイスクリーム
ほかのものとまぜる
次に、
ほかのものとまぜるくふうがあります。
牛乳にさとうや卵などをまぜ、冷やしてかためると、アイスクリームになります。
バター
中にある成分を取り出す
そして、
中にある成分を取り出すくふうがあります。
牛乳の中にある「にゅうしぼう」という成分を取り出し、まぜて固めると、バターになります。
くりかえし出てくる言葉をみつけて書こう！
このように、
牛乳は、いろいろなくふうをして食べられています。
牛乳がきらいな人も、牛乳がすがたをかえている食品を食べてみてください。牛乳が好きになるかもしれません。

ステップ 2 まとめを書こう！

名前（　　　　　　　　）

お題

牛にゅうをおいしく食べるくふうについて、三〇〇字ていどで書きましょう。

【ミッション】

①三つの事例に共通して出てくる言葉にしるしをつけます。

②「このように」というつなぎ言葉としるしをつけた言葉を使って「終わり」の第一文を書きましょう。

③牛にゅうが苦手な人に、牛にゅうをおすすめするメッセージを書きましょう。

ヒント

☑「中」に書いた事例に、くりかえし出てくる言葉を見つけてまとめの文を書こう。

☑まとめるときのつなぎ言葉はなにだったかな？

ステップ 3
「初め」を書いて、説明する文を完成させよう！

ねらい

「初め」には、読者に「これからどんな話がはじまるのかを伝える」「話の内容を方向づける」という役割があります。「中」の内容を整理し、「終わり」に書いたこととつなげ、文章全体の見通しをもって、「初め」を書きます。

手順

① 説明内容を確認する

これまで書いた「中」と「終わり」を読み返し、文章の内容を確認します。

② 「話題提示」の文を作る

「終わり」に書いた「このように」から始まる文を使って「話題提示」の文に書きかえます。必要に応じて、「問い」の文にすることもできます。

「ちょい足し支援」のアイデア

● 「初め」から書こうとすると、どう書いてよいのかわからない子がいます。なぜなら、「中」に具体的に何を書くのかはっきりしていないからです。そのため、「中」や「終わり」を書いたあとに「初め」を書くようにします。「終わり」で書いた「このように」から始まる文を使って、「話題提示」の文を作ります。

「終わり」の文	このように、牛乳は、いろいろなくふうをして食べられています。

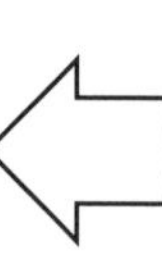

話題提示の文	牛乳は、いろいろなくふうをして食べられています。
問いの文	牛乳は、どのようなくふうをして食べられているのでしょうか。

ステップ3 「初め」を書こう！

名前（　　　　　　　）

お題
牛にゅうをおいしく食べるくふうについて、三〇〇字ていどで書きましょう。

ミッション

①これまで書いた「中」と「終わり」を読み返し、文の内容を確認しましょう。
②「終わり」に書いた「このように」から始まる文を使って「話題提示」の文に書きかえましょう。

「話題提示」の文を作ろう。

「終わり」の文

⇦

話題提示の文

ステップ4 「初め」「中」「終わり」をつなげて全文書いてみよう

ねらい

いよいよ全文を書きます。これまで分けて書いてきたものをつなぎ合わせていきます。

手順

① これまでに書いた「初め」「中」「終わり」をつなげて音読する

これまで書いたものを全文通読し、修正が必要な部分はないか確認します。全文を読むことで、文章の全体像をとらえることができます。

② 書く

「初め」「中」「終わり」をつなげて、推敲しながら書き上げていきます。

「ちょい足し支援」のアイデア

● 書いたものを音読すると、文章全体の流れが見えるようになります。音読を聞いている人が、うなずいたり、「へぇ」「なるほど」と相槌を入れたりしながら聞くと、書いて表現することのよさを実感できます。読むことが苦手な子には、大人や友達が読むといいでしょう。

初め	牛乳は、いろいろなくふうをして食べられています。
中	初めに、きんの力をかりるくふうがあります。牛乳に、にゅうさんきんというきんを加えて、はっこうさせます。やわらかくかためると、ヨーグルトになります。 次に、ほかのものとまぜるくふうがあります。牛乳にさとうや卵などをまぜ、冷やしてかためると、アイスクリームになります。 そして、中にある成分を取り出すくふうがあります。牛乳の中にある「にゅうしぼう」という成分を取り出し、まぜて固めると、バターになります。
終わり	このように、牛乳には、いろいろなくふうをして食べられています。牛乳がきらいな人も、牛乳がすがたをかえている食品を食べてみてください。牛乳が好きになるかもしれません。

ステップ4 「初め」「中」「終わり」をつなげて全文書いてみよう

名前（　　　　　　　　　　）

お題 牛にゅうをおいしく食べるくふうについて、三〇〇字ていどで書きましょう。

初め

中

終わり

説明する文のまとめ

「説明する文」のよさ、わかりやすさは、物語文のように行間を読まなくてもいいこと、つまり書かれていることだけに焦点を当てて理解すればよい点にあるのではないでしょうか？　また、物語文のように登場人物の心情と実際の言動にズレが起こることもありません。

説明する文は、構造もはっきりしています。ほとんどが「頭括型」、「尾括型」、「総括型」のどれかであり、内容も具体的です。

説明する文を書く前に、説明する文の構造やお約束をしっかりおさえておけば、比較的書きやすくなるはずです。順序やつながりを意識した書き方をマスターすれば、説明する文の攻略はあと一歩です。

順序やつながりについてはシンキングツールなどを使用するとわかりやすいので、付箋などを使いながら思考の視覚化ができるとよいでしょう。また、説明する文では、相違点と共通点を明確に述べられるとよいのですが、学びにつまずきのあるお子さんは、抽象概念である共通点を見つけることに苦戦する可能性があります。

学習の中で繰り返し使われる言葉に着目することで、共通点が見つけ出せるように支援していきましょう。

文種ごとの
支援法&
ワークシート

3

感想を書く文

読書感想文を書けることのよさ

読書感想文を書くよさをいくつか紹介します。

一つ目は、感想文を書く中で、自分自身を深く見つめ直すことができることです。作品の中の主人公に自分を重ね、自分の見方や考え方を振り返る機会となります。

二つ目は、人に自分の思いや考えを適切に伝えるトレーニングの場になることです。人間にとって、言語を通したコミュニケーションは重要です。自分の思いや考えを適切に相手に伝えることができれば、より人生を楽しく生きられます。また、読書で得た知識や語彙を、感想文で表現することで、定着がより確かになります。

三つ目は、自分の成長の記録になることです。同じ作品であっても、年を経てから読むとまた違った見方や感じ方をすることがあります。感想文を読み直すことで、自分の成長を実感することができます。

子どもたちにとっての困難さ

多くの子どもたちは感想文に苦手意識をもっています。その理由は「感想が思いつかない」「文章を書く習慣がなかった」「感想文の書き方がわからない」などが挙げられます。

実際に学校現場では、教師から原稿用紙を配られ、「自由に思ったことや感じたことを書きましょう」などの指示がでます。

「書き方」を教わっていない子どもたちは、あらすじを書くことをがんばったり、同じことを書いてとりあえず文字数を埋めたり、ということになります。

指導のコツ

なぜ、多くの教師や保護者は、感想文の書き方を教えられないのでしょうか。それは、そもそも、読書感想文という課題が高度なものだからです。作品を読解し、そのうえで自分の感想や思いを表現(主張)するという二部構造になっていることを理解しなくてはなりません。

1 本を読みたいと思う「きっかけ」をつくる

子どもにとって、本の話題自体に興味がない場合、感想を述べよといわれてもなかなか感想はでてきません。また、自分の読む力をこえている作品の場合は、ただ文字を目で追っているだけで読解するレベルまでいたりません。高学年だからといって、ふり仮名のついている本や絵本がだめな理由はありません。興味を感じた本を読むのがいいと思います。

子どもたちが自分の興味を感じた本を手に取れる場づくりからはじめる必要があります。1時間、図書館で過ごす時間を設ければ、大概の子どもは自分の好きな本を手にとります。そういった子どもたちは、すでに自分の興味ある話題やジャンルの本を知っています。

ところが、なかなか本と出会うことのない環境で育った子は本を探す時点でつまずきがあります。そんな時は、その子の興味あるものが題名に入っているものや、ジャンルのコーナーにいっしょにいくなどの支援も必要になってきます。

2 子どもが「読解できた」とは

文学的文章は、「主人公が山場の出来事をきっかけに、見方・考え方が変わったり、広がり深まったりする」ように描かれているものが多いです。小学生向けの文章であれば、プラスの感情で終えるものがほとんどです。文学的文章は、主人公の心情がどのように変化したのかを読み解くことが、主題を読み取ることへとつながります。つまり、文学的文章を読解できた状態とは、自分なりの主題を捉えることができた状態ということです。

ステップ2で例示する「お話の図」を使うことで、主人公の心情の変化やきっかけの出来事を確認しやすくなります。

次に、説明的文章の場合は、ある話題をもとに、筆者が読者に直接伝わりやすい主張が書かれている文章が多いです。説明的文章を読解できた状態とは、筆者の主張や、筆者が選んだ話題の意図を自分なりに捉えた状態のことです。

文学的文章・説明的文章に共通する「読解」は、書き手（作者・筆者）が読者に伝えているメッセージや意図を通して、自分なりに「これから、人として生きていくうえで何が大事なのか」を読み解くことです。

3 感想文の書き方の「型」を提示する

自由に自分の思いを表現したい子どもたちには、「型」は必要ありません。多くの「書き方がわからず困っている子」たちには、感想文の例示や、「書き方の型」を提示する必要があります。

本書では、次の構成で「読書感想文の書き方の型」を提示しています。

初め	作品を読むきっかけについて
中	①一番心に残った場面について ②もし、主人公が自分だったらどうするか
終わり	学んだこと・考えたこと・メッセージ

もちろん、読書感想文の書き方のあくまでも例ですので、これで十分というわけではありません。これをもとに、発達段階や使用場面に応じて自由に変化させてください。

最終的には、この型に自分で付け足す、型の一部だけを使ってまったく異なる「書き方」を自分なりに見つけるなど、自分で工夫できるようになることを目標とします。「型」の目的はあくまでも書くことに対する不安感や負担を軽減するためです。

感想を書く文

物事に対して自分が感じたこと、思ったことなどを伝える文。ここでは、読書を通して自分の心に残ったことなどを書く「読書感想文」の書き方を紹介します。

わたしが、「ごんぎつね」という本を読もうと思ったきっかけは、「『ごんぎつね』の『ごん』っていったい何だろう。名前かな？　それとも「ごん」という種類のきつねかな？」と不思議に思ったから」です。読んでみると思っていた以上に面白く、気が付くと最後まで読んでいました。POINT 1

一番心に残った場面は、「ごん」が「兵十にドンと撃たれた」場面です。POINT 2
この場面を読んだとき、わたしは、「え、なんで兵十はごんをうっちゃうの。ちょっと待って。もう少しだけご

POINT 1
本を読もうと思ったきっかけを書く（ステップ1）

この本を選んだ理由はあるけど・・・どう書けばいいの？
↓ステップ1へ

POINT 2
心に残った場面に焦点をあてる（ステップ2）
何だかよかったな。という漠然とした感想から、どの場面や文章が一番心に残ったか焦点化することで、自分の感想がぐっと書きやすくなります。

心に残った場面って言われても・・・。どの場面だろう
↓ステップ2へ

んの様子を見てくれたら、ごんは死ななくてすんだのにと悲しさでむねがいっぱい」になっていました。POINT 3

もしわたしが「ごん」だったら、「殺されるかもしれないと思っていても、毎日兵十のところにいったの」でしょうか。今のわたしには、「ごん」のような「相手を大事に思う心や、自分の思いを伝える勇気」が足りないので、同じようなことはできないなと思いました。

「ごんぎつね」は、わたしのこれからの人生に、「相手を本当に大切にする自分が傷ついても、勇気をもって自分の思いを伝えること」が大切だと教えてくれました。POINT 4

POINT 3

もし自分なら（ステップ2）

主人公の言動が素晴らしいけれど、具体的に何がどう素晴らしいのかなかなか表現することは難しいです。そんな時、もし自分が主人公で、同じ状況だったら、と立場を置き換えて考えると、具体的に何がどうすごいのかが分かりやすくなります

POINT 4

本を通して学んだことや感想を書く（ステップ3）

感想文において子供たちが一番手を抜きがちなのが最後の「終わり」の部分です。様々な感想の書き方を例示すると、それらを合わせるなどしてより自分の学んだことや感じたことを表現できるようになります。

例示があると、自分の思いや考えが書きやすいなあ。

↓ ステップ3へ

ステップ1

本を読もうと思った「きっかけ」を書こう

ねらい

なぜこの本を選んだのか、そのきっかけを書く中で、自分がどのような本に興味があるのかを振り返ります。

手順

① 題名をつける

本の題名をワークシートの一つ目の枠に書く

② 本を読むきっかけを書く

なかなか書き出せない子には、あらかじめ用意した選択肢を見せ、その中から選べるようにします。そのまま真似をしたり、いくつかを組み合わせて文章を作り直したりしてもよいことを伝えます。

「ちょい足し支援」のアイデア

● 立派なきっかけを書こうという気持ちが強すぎて書けなくなっている子には、建前ではなく、自由にありのままを書くことが大切だと伝えます。「お母さんが買ってきたから」「家にあったから」で十分です。

● きっかけを書きたいけれど、うまく頭の中でまとめられない子もいます。そんな子のためにいくつか選択肢を用意しておきます。

「きっかけ」の例

㋐題名に自分の大好きな○○という言葉がっていたから
㋑以前、○○さんの本を読んだら面白かったので、他の本も読んでみようと思ったから
㋒表紙にかかれた「　　　」の絵が気になって読んでみたいなあと思ったから
㋓本を見た（手に取った）しゅんかん、「何か」を感じたから

私がこの本を選んだきっかけは…

名前（　　　　　　　　　　）

活動の手順等

①まず、本の題名を一つ目の四角の中に書きます。
②本を読むきっかけを二つ目の四角の中に書きます。

【理由を書くこと困った時は、次を参考にしましょう】

㋐大好きな「　　　　」という言葉が題名にはいっていたから
㋑前に、◇◇◇（作者名）さんの本を読んだとき、面白かったので、前とはちがう本を読んでみようかなと思ったから
㋒表紙にかかれた「　　　　」の絵が気になって読んでみたいなあと思ったから
㋓特に理由はありませんが、何だかこの本が気になって手に取っていたから

わたしが、

【本の題名】

という本を読もうと思ったきっかけは、

【本を読むきっかけ】

です。

読んでみると思っていた以上に面白く、気が付くと最後まで読んでいました。

ステップ2

一番心に残った出来事や文章を書こう

ねらい

「中」では、自分の一番心に残ったことに焦点をあてて、自分の感じたことや考えたことなどを書きます。

手順

①話を図にして内容を整理する

子どもたちがつまずくポイントは、どの場面やどの言葉を中心に感想を述べればよいかわからないことです。次のように、お話の図を書いてみましょう。

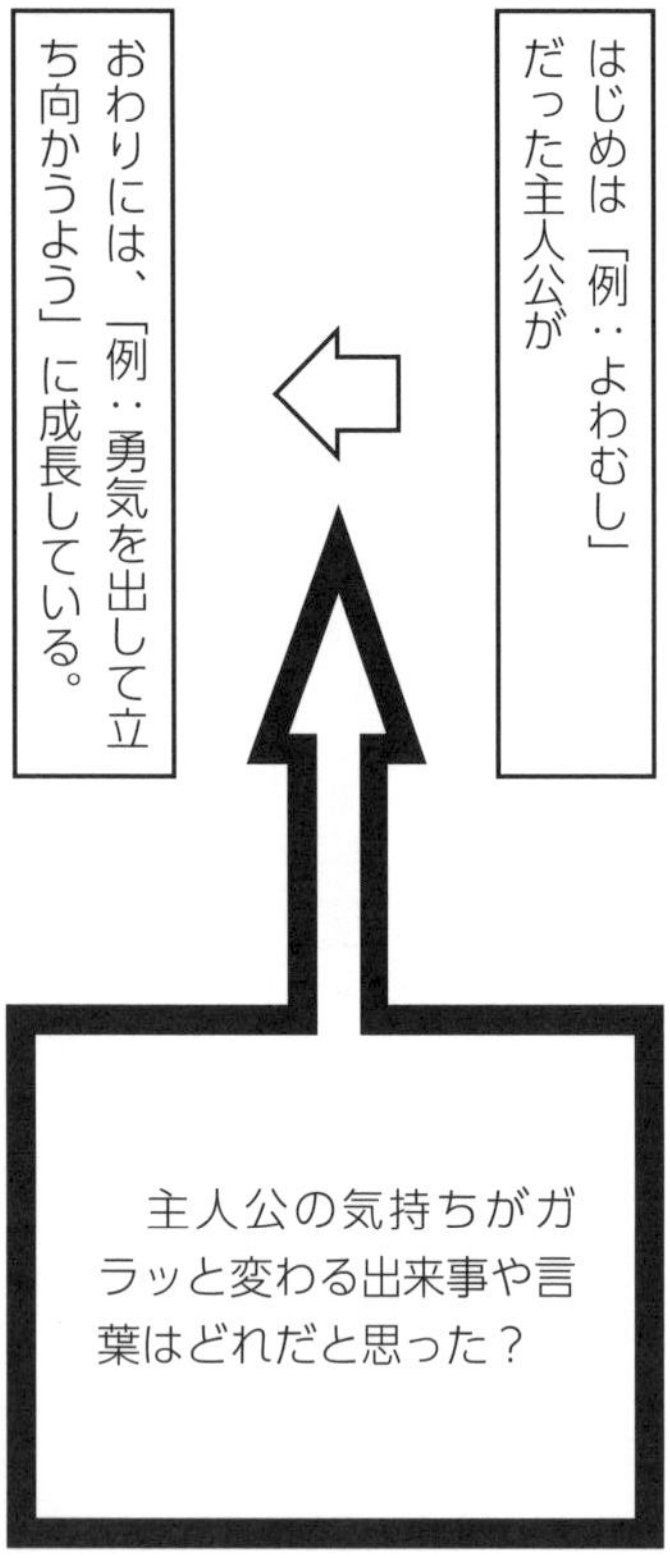

主人公の気持ちがガラッと変わる出来事や言葉はどれだと思った？

はじめは「例：よわむし」だった主人公が

おわりには、「例：勇気を出して立ち向かうよう」に成長している。

どこに注目してよいか分からない」という子には、「主人公は、本のどの辺で変わりはじめたのかな？」「その時どんな出来事があったのかな？」など、対話を通してお話の図を一緒に完成させましょう。

②感じたことをまとめる

その場面を読んで感じたことや、「もし自分が主人公だったら」という場合を想像して感じたことを書きます。

最後に主人公のよいところ等をまとめます。

「ちょい足し支援」のアイデア

- 心に残る場面や言葉は何かがわかっても、それの何がすごいのかをうまく表現できない子はたくさんいます。そこで、「もし、自分が主人公と同じ立場だったら」と考えることで、主人公の何が素晴らしいのかがわかり、表現しやすくなります。
- 「自分は主人公ではないからわからない」という子もいます。そんな時は無理せず、その一文は書かなくてもよいように配慮します。大事なことは、子どもが前向きに取り組んでいけることです。

一番心に残った出来事や文章を書こう

名前（　　　　　　）

お話の図を書いて、どの場面に注目すればよいか考えましょう。

はじめ○○○だった主人公が

おわりには、○○○に成長した。

主人公の気持ちががらっと変わる出来事や言葉はどれだと思った？

① 四角の中にその場面で感じたことを書きましょう。

② 次の四角の中に、「もし、自分が主人公と同じ立場だったらどうなるのか想像して」その場面で感じたことを書きましょう。

③ 最後に、主人公の素晴らしいところ（性格）を書きましょう。

一番心に残った場面は、［主人公の名前］が、［主人公の心ががらっと変わった場面］場面です。

この場面を読んだとき、わたしは、［その場面で感じたこと］になっていました。

もしわたしが［主人公の名前］だったら、［主人公の驚きの言動］でしょうか。

今の私は［主人公の名前］のように［主人公の驚きの言動］が足りないので、同じようなことはできないなと思いました。

ステップ3

「終わり」を考え、感想文を仕上げよう

ねらい

登場人物と自分を重ねたり比べたりする中で、これまでの自分を振り返り、これからの自分の在り方を考えます。それを「終わり」に書き、感想文を仕上げます。

手順

いくつか例文を提示し、その中から選んだり、組み合わせたりして自分の考えを表現できる環境を作ります。

A　**主人公や登場人物のそんけいできることを書く**

主人公の〇〇は「どんな苦しいじょうきょうでも、勇気をもって立ち向かう姿がかっこういいなあ」と思いました。

B　**主人公から影響を受けたことや学んだことを書く**

主人公の〇〇から、私は「どんな時もごまかしたり、うそをついたりせず、素直に生きること」の大切さを学びました。

C　**この本を読んでやってみたくなったこと**

この本を読んだ後、「仕事で疲れても家事をがんばっているお母さんやお父さんに『ありがとう』と言おう」と思いました。

D　**登場人や主人公へメッセージを送る**

登場人物（主人公）の〇〇に会えて本当に良かったです。「〇〇、くよくよしていた私に前を向て生きる力を与えてくれて、ありがとう。」

「ちょい足し支援」のアイデア

- A～Dの選択はできるけれど、文字として表現することに困難さがある子がいます。そういう子には、例えばAを選んでいたら、「格好いいところはどこ?」などと質問をしましょう。出てきた言葉をつなげて、文章化して提示します。

「終わり」を考えて感想文を完成させよう

名前（　　　　　　）

活動の手順等

①本を通して学んだことや感想を書く

本と出会い、自分の考え方で変わったことや、気づいたこと、学んだこと、感想を「終わり」練習コーナーに書きましょう。

※考えをまとめることに困っている人は、次の文章を選んだり、合わせたりして考えるヒントにしましょう。

A　主人公や登場人物のそんけいできることを書く

主人公の◇◇は「どんな苦しいじょうきょうでも、勇気をもって立ち向かう姿がかっこういいなあ」と思いました。

B　主人公から影響を受けたことや学んだことを書く

主人公の○○から、私は「どんな時もごまかしたり、嘘をついたりせず、素直に生きること」の大切さを学びました。

C　この本を読んでやってみたくなったこと

この本を読んだ後、「仕事で疲れても家事をがんばっているお母さんやお父さんに『ありがとう』と言おう」と思いました。

D　登場人物や主人公へメッセージを送る

登場人物（主人公）の○○に会えて本当に良かったです。

「○○、くよくよしていた私に前を向て生きる力を与えてくれて、ありがとう。」

②ワークシートを使って感想文を仕上げましょう。

「終わり」練習コーナー

ステップ1

感想文を書こう

名前（　　　　　　）

初め（はじめ）

わたしが、［　　　］

という本を読もうと思ったきっかけは、

［　　　］

読んでみると思っていた以上に面白く、気が付くと最後まで読んでいました。

中（なか　1）

一番心に残った場面は、［　　　］が、

［　　　］

この場面を読んだとき、わたしは、

［　　　］

になっていました。

ステップ 2

感想文を書こう

名前（　　　　　　）

中（なか　2）

もしわたしが［　　　］だったら、

［　　　］

でしょうか。

今の私は［　　　］のように

［　　　］

が足りないので、同じようなことはできないなと思いました。

終わり（おわり）

［　　　］

感想を書く文のまとめ

「もしも自分がこの物語の主人公だったらどうするか」という考え方をすることが難しい子どもがいる、ということをまず理解する必要があります。

自分が経験したことのないことをイメージし、仮定して考えることが苦手な子どもたちにとって、読書感想文はとりわけハードルが高い課題です。

そういうタイプの子どもたちにまず「これはどんな話だったか」を説明させてみると上手く話せない子も多くいます。要約ができないと、その内容について自分がどう思ったかをまとめることもできません。そのためにも、物語の内容を理解し短くまとめる、という力が必要になります。

物語では、何かをきっかけにして登場人物の行動や気持ち、考え方が変わっていくことがほとんどなので、その変化のきっかけとなる出来事の前後でどのような違いがあるか、について考えさせると、構造的に理解することができます。

そのうえで、「あなたがこういう人と出会ったら」「あなたがこういう経験をしたら」「あなたがこういう場面を見かけたら」というように、より具体的に考えさせるようにします。その方が「もしあなたが○○だったら」という発問よりは具体的なイメージをしやすくなるので、その時にどう感じるかを絞り込むことができます。

文種ごとの支援法&ワークシート

4

物語

物語を書けることのよさ

物語とは、作者が見たり聞いたりしたことや想像したことをもとに、人物、出来事などについて語る文学作品です。

物語を書けるようになることのよさの一つは、自分の「作品」が読み手に感動を与えたり、楽しんでもらえたりする喜びを味わいやすい、ということです。

また、書き方を学ぶことは、自分が読み手となったときに、作品を読み深める視点を身につけることにもつながっていきます。

子どもにとっての困難さ

物語を書く際には、登場人物の気持ちを描写することが欠かせません。その際、「うれしかった」「悲しかった」といった直接的な表現だけでなく、気持ちを象徴するような風景や行動、しぐさなどを書くことで、作品の質がぐっと高まります。

しかし、「登場人物の気持ちを書く」というと、子どもは直接的なひと言を書いて終わることがほとんどです。これは、気持ちの描写について、多様な方法があることを十分に学んでいなかったり、そのよさを実感していなかったりするためです。

物語を書くためには、登場人物の設定をした上で、彼ら、彼女らが繰り広げるお話の「展開」を考える必要がありますが、これも、子どもによっては難しい部分の一つです。

指導のコツ

「物語」を書くことに関して、子どもたちにとっての難しさへの対応、書き慣れてきた後や書くことが得意な子への少し高い目標設定という2点から、指導のコツを紹介します。

1 さまざまな感情の表現方法を身につける

物語では、風景や行動、しぐさによって登場人物の気持ちを表現することができます。たとえば、雨は悲しい気持ちを、晴天は明るい気持ちを表現し、足を踏みならす動作はくやしさを、ぴょんぴょん飛び跳ねる動作はうれしさを表現することができます。

このような表現方法を使えるようにするためには、まず、感情には、さまざまな種類があることに気づくことが大切です。

基本的な感情の例としては、次のようなものがあります。

・うれしい
・はらが立つ

・悲しい
・寂しい
・切ない
・怖い
・恥ずかしい
・くやしい
・がっかりする
・不安になる
・安心する

さまざまな感情があることがわかったら、それぞれの表現方法を選択肢の中から選び、その気持ちになったときにどんな行動をするか自分で考えます。

なお、「気持ち」を表す行動やしぐさに注目した文を書くワークは「チャレンジ1」で紹介しています。

2 想像を広げるきっかけを用意する

アイデアが思いつかずにいきづまっている子に、「自由に想像してごらん」というだけでは、なかなか想像は広がりません。大切なのは、想像を広げるためのきっかけを用意することです。

きっかけとしておすすめなのは、絵や写真などの視覚的な情報です。最初は、絵や写真に写っている人や動物、物などに吹き出しをつけるところからはじめてもかまいません。まるで人のように見えるユーモラスな姿をした動物や物を使うと、大いに盛り上がります。

本書では、登場人物のキャラクターや吹き出しを、物語の舞台となる地図上に並べることで、物語の世界を想像したり、その後の展開を考えたりするというワークを「チャレンジ2」で紹介しています。

3 「主題」を込めた作品づくりにチャレンジする

国語の授業で物語を読むときに考えることの一つに、「主題」があります。「主題」とは、作品のテーマのようなもので、作品全体から読み取れる価値観や人生観、教訓などです。

例をあげると、「スイミー」の主題は、「みんなで力を合わせることの大切さ」や「逆境を乗り越え、リーダーとして成長することのすばらしさ」といえるでしょう。

物語を書くことに慣れてきた子や書くことが得意な子には、この「主題」を考えることも、少し高い目標設定としておすすめです。

物語

作者が見たり聞いたりしたことや想像したことをもとに、人物、出来事などについて語る文学作品。

あやのは、小学校3年生の元気な女の子です。POINT 1

ある雨の日、あやのは、家の近くの公園で、POINT 2 見たことのない島がかかれた地図が落ちていることに気がつきました。島の中心には広い草原があり、北のはしには高い山があります。

「こんな広いところで遊べたら楽しいのに。」

ふとつぶやいた、POINT 3 そのときです。とつぜん、あやのの体

POINT 1

登場人物の特徴（年齢や性格、見た目の様子、物語に関係する好きなことや得意なことなど）を紹介します。

【例】

・元気な　・おしゃべりな　・明るい
・わんぱくな・おっとりとした　・やさしい
・わがままな・…が好きな／きらいな・おとなしい

POINT 2

場面の設定（場所、時間など）を書きます。

POINT 3

「言う」と書くだけでなく、「ぼそぼそ言う」「くどくど言う」のように様子を表す言葉を付けたり、「つぶやく」のように言い方が分かる言葉を使ったりすると、場面の様子や登場人物の気持ちが伝わりやすくなります。

【例】

・さけぶ　・わめく　・まくし立てる

が、真っ白な光に包まれました。

どのくらいたったでしょう。

気がつくとそこは広い草原でした。ところどころに、大人の背ほどもある大きな岩がころがっています。

「ねえ、きみ。」

ふいに背後から誰かの声がしました。ふり返ったあやのは、びっくりしてとび上がりそうになりました。POINT 4
すぐ目の前に、大きなクマが立っているではありませんか。

「実は、もぐらのあなに、おやつのリンゴを落としてこまっているんだ。あなに手をいれようにも、ぼく

・口走る　・口をはさむ　・言い出す
・もらす　・こぼす　・ささやく

POINT 4

「うれしい」「悲しい」といった気持ちを表す言葉といっしょに、それによってどうなったのか、どんな行動やしぐさをしたのかということを書くと、表現が豊かになり、楽しい作品になります。

どうしても「うれしい」や「悲しい」で終わっちゃう…。
↓ チャレンジ 1 へ

POINT 5

事件が起きるなど、登場人物の日常と異なる出来事が展開します。ここが起承転結の「承」になります。上の例では、「主人公が地図の世界に入り、うでの細いことを見こまれてたのみごとをされる」という出来事を設定しています。

「事件」って言われても思いつかないな…。
↓ チャレンジ 2 へ

のうでじゃ太すぎてね。君、ずいぶん細いうでをしてるじゃないか。ちょっと手伝ってくれないか。」POINT 5
クマが、そう言いました。

（中略）

「君の手じゃ、とどかないんだね……。」POINT 6
クマが泣きそうな顔をしました。

「そうだ、これを使ったらどうかな。」

あやのは、かさをさかさまに持つと、あなの中にさしいれました。

「とどいたよ！」

物語

作者が見たり聞いたりしたことや想像したことをもとに、人物、出来事などについて語る文学作品。

POINT 6

想定外の問題やそれを乗り越える方法を考えると、物語が面白くなります。ここが、起承転結の「転」になります。上の例では、「うでの長さが足りなくて手が届かない」という問題と「かさを使った工夫」を設定しています。

【問題を乗り越える方法の例】
- 「道具」…解決のために道具を使います。上の例では、「かさ」を使っています。
- 「知恵」…登場人物が作戦を考えます。上の例では、「手が届かないのでかさを使う」『取手』の部分にひっかける」という作戦を考えています。
- 「勇気」…勇気を振り絞って、困難な状況や強い相手に立ち向かいます。
- 「協力」…他の登場人物と力を合わせます。

そして、取手の部分にリンゴを
ひっかけると、ゆっくりあながら
引っぱり上げました。
（中略）
気がつくと、そこはもとの公園
でした。
「ありがとう。助かったよ。」
どこからか、クマの声が聞こえ
たような気がしました。POINT 7

※複数の視点を組み合わせて考えると、さらに面白くなります。上の例では、「道具」と「知恵」を組み合わせています。

POINT 7
読んだ人の印象に残るような終わり方にします。
【印象に残るような終わり方の例】
・読み手に呼びかける言葉
・物語が終わった、ということを象徴するような登場人物の会話や周りの様子
・トラブルや事件を通して、登場人物がどのように変化したかを表すようなセリフや行動

チャレンジ 1

しょうかいします！「思わずしちゃった、こんなこと」

ねらい

「登場人物の気持ちを書く」というと、子どもは直接的なひと言を書いて終わることがほとんどです。これは、気持ちの描写について、そもそも多様な方法があることを学んでいなかったり、そのよさを実感していなかったりするためです。

そこで、「気持ち」を表す行動やしぐさに注目した作文に取り組みます。

手順

① 体験をふり返る

「うれしすぎてこんなことしちゃった、腹が立ちすぎてあんなことしちゃった、なんて体験はあるかな？」と、「気持ち」ではなく、行動やしぐさに注目して、それぞれの体験のふり返りをします。「…すぎて、思わずしちゃった」など、少し大げさな表現をするとイメージしやすくなります。

書きづらそうにしている子には、「気持ち」の種類を例示して、その中から選択できるようにします。

② 3つの内容で作文を書く

「きっかけの出来事」「気持ち」「思わずとった行動」の3つの内容で作文づくりに取り組みます。

ワークシートは、「きっかけの出来事」から順に書く形になっていますが、書きやすい順でかまいません。

「ちょい足し支援」のアイデア

- 書き終わったあとに、単に気持ちだけを書いた文と読み比べると、行動やしぐさを表現する良さや自分のがんばりを実感することができ、モチベーションアップにもつながります。

しょうかいします！　「思わずしちゃった、こんなこと」

名前（　　　　）

1　人は、うれしい、腹が立つ、悲しいなど、いろいろな気持ちになることがあります。
あなたがそんな気持ちになった、きっかけのできごとを書きましょう。

　先週の土曜日、妹がわたしのおもちゃをこわしてしまいました。

2　どんな気持ちになったのかと、その気持ちになって思わずしちゃった行動を書きましょう。

わたしは、どうしようもない気持ちになって、

台所へ飛んでいき、りょう理をしていたお母さんのおしりをバシバシバシたたきながら、そのことをつたえました。

しょうかいします！「思わずしちゃった、こんなこと」

名前（　　　　　　　　）

1　人は、うれしい、腹が立つ、悲しいなど、いろいろな気持ちになることがあります。あなたがそんな気持ちになった、きっかけのできごとを書きましょう。

2　どんな気持ちになったのかと、その気持ちになって思わずしちゃった行動を書きましょう。

Ⓑ しょうかいします！「思わずしちゃった、こんなこと」

名前（　　　　　）

1　人は、うれしい、腹が立つ、悲しいなど、いろいろな気持ちになることがあります。
あなたがそんな気持ちになった、きっかけのできごとを書きましょう。

2　どんな気持ちになったのかと、その気持ちになって思わずしちゃった行動を書きましょう。

は、**うれしい・かなしい・はらが立つ**気持ちになって、

チャレンジ 2

地図を完成させて想像をふくらませよう！

ねらい

「自由に想像してごらん」と伝えても、きっかけがなければ想像は広がりにくいものです。そこで、物語の舞台となる地図の上に、登場人物のキャラクターや吹き出しを並べて物語の世界を想像し、その後の展開を考えるきっかけにします。

手順

① 物語に登場するキャラクターを選んで地図に貼る

登場人物の選択肢を提示して選べるようにします。

選択肢の中に選べるキャラクターがない場合は、空欄になっているカードに書きます。ワークシートでは登場人物を選んでから主人公を決めていますが、先に主人公を決めてもかまいません。

② 登場人物のセリフを考えて吹き出しを貼る

セリフを吹き出しに書き込み、視覚化します。吹き出しは、複数使ったり、大きめの枠を使って絵からはみ出したりしてもよいでしょう。

「ちょい足し支援」のアイデア

- 「広い草原があるね」など、地図の中にどんな風景が描かれているか確認しておくと、物語の場面を選ぶ手がかりになります。
- キャラクターのカードは、目の形を変えるなど表情を変えられるようにすると、より場面が想像しやすくなります。

地図を完成させて想像をふくらませよう！

名前（　　　　　　　　　　　　）

1　登場人物カードの中から、物語の登場人物をえらんで、地図の好きな場所におきましょう。オリジナルのキャラクターをつくってもＯＫです。

2　「1」で選んだ登場人物の中で、物語の主人公となるキャラクターを決めましょう。

3　「1」と「2」で選んだ登場人物の会話やせりふを考えてふき出しカードに書きましょう。

4　登場人物とふき出しカードの場所を決めて、地図にはりましょう。

A 地図を完成させて想像をふくらませよう！

名前（　　　　　　　　　　）

1　登場人物カードの中から、物語の登場人物をえらんで、地図の好きな場所におきましょう。
オリジナルのキャラクターをつくってもＯＫです。

2　「1」で選んだ登場人物の中で、物語の主人公となるキャラクターを決めましょう。

3　「1」と「2」で選んだ登場人物の会話やせりふを考えてふき出しカードに書きましょう。

4　登場人物とふき出しカードの場所を決めて、地図にはりましょう。

【登場人物カード】

【ふき出しカード】

物語のまとめ

何もないところからオリジナルのストーリーを考えるというのは、誰にとっても大変難しいことです。自閉スペクトラム症の子どもの場合、物語文の理解は難しいものの、空想して面白い物語を作り上げることならできるという子どももいます。あるいは、ストーリー作りは難しくても、ユニークなオリジナルキャラクターを作ることが得意な子どももいます。さらに、空想の街、建物、架空の路線図まで考え出すことに楽しみを見出す子どももいるのです。

ロールプレイングゲームなどで自分のキャラクターを設定し、デザインしていくことに長けている子どもの場合には、同じような要領で、オリジナルの物語の登場人物を設定させてみるとよいでしょう。

また、登場人物の気持ちよりも行動に着目していくと比較的書きやすくなります。まずどのようにキャラクターたちを出会わせ、行動させるかを決め、そこからどうコミュニケーションさせていくかについて具体的に考えていけば書きやすくなる場合もあるでしょう。

本書にもあるように、新しい物語世界を生み出す入口としてキャラクターの行動から入るか、地図などの場面設定から入るか、その子にあった形でデザインさせていくと、豊かなイメージが広がっていくかもしれません。

文種ごとの
支援法&
ワークシート

5

紹介する文

紹介する文を書けることのよさ

「紹介する文」とは、ある物事や人物について、それを知らない人にわかりやすく伝える文です。

「推薦する文」と似ていますが、「こんなものがあるよ（人がいるよ）」と単に伝えることを意図して書く文が「紹介する文」です。

紹介するという行為は、日記や感想文、報告文など、様々な文を書くときにも必要となります。つまり、「紹介する文」を書けるようになることは、作文の基礎を身につけることでもあります。

	取り上げる物事や人物	文を書く意図	相手にとっての選択肢
紹介する文	自分の条件で選択する	相手に伝えること	問わない
推薦する文	相手の条件に合わせて選択する	相手に薦めること	ある

紹介する文と推薦する文

子どもにとっての困難さ

「紹介する文」では、その物事や人物の基本的な説明を最初に書くとわかりやすくなります。

しかし、つい自分の関心がある部分に夢中になすぎて、「これくらいは説明しなくてもわかるだろう」と思い込み、基本的な説明が不足し、わかりづらい内容になってしまうことがしばしばあります。

また、紹介する対象の「主な特徴や様子」は、詳しく説明するよりも、簡単にまとめて説明する方が難しい場合があります。これは、「簡単にまとめる」過程において、物事の概念を抽象化する作業が伴うためです。

指導のコツ

「紹介する文」に関して、課題設定、子どもたちにとっての難しさへの対応という2点から、指導のコツを紹介します。

1 「紹介したくなるもの」を題材にする

作文が苦手な子への指導の第一歩は、書くことへの抵抗感を緩和することです。その方法の一つは、子どもが「書きたい」「誰かに伝えたい」と思えるようなお題を設定することです。

たとえば、次のような視点でお題を考えてみます。

○子どもの趣味や好きなものをお題にする
マンガやゲームなど、子どもが好きなものを紹介してよいことにします。時には、他の子どもたちにわからないようなキャラクターやアイテムの話が登場するかもしれません。そんなときは、「知らない人にわかりやすく教えてあげよう」と伝えれば、説明の工夫を考えるチャンスです。

○とびきり大げさなお題にする

「一生忘れられない思い出」、「世界で一番おいしいもの」など、大げさな表現にすることで、考えることが楽しくなってきます。

○あえてネガティブなお題にする

「苦手な物」、「わたしの失敗」、「内心、ずるいなーと思っている大人の行動」など、あえてネガティブなお題にすることで、笑いの起こる楽しいお題になることがあります。

○複数の視点を組み合わせる

たとえば、「わたしの失敗」と「一生忘れられない思い出」を合わせると「一生忘れられない大失敗」となります。

お題は子どもの発想を生かすことも一つの方法です。右のような考え方や例を示し、お題のアイデアを出し合う場を設定すると、大いに盛り上がること間違いなしです。

2 物事や人物の基本情報を確認する場を設定する

「紹介する文」を書きはじめる前に、その物事や人物の基本的な情報を整理し、何を説明に入れるかを考える場を設定します。基本的な説明とは、たとえば「名前」「主な特徴や様子」「ジャンルや種類」などです。

また、そのような枠組みのイメージができていると、スムーズに文章を書きはじめることができます。

本書では、この3点を一文で表す簡単な作文のワークを「チャレンジ1」で紹介しています。

3 「国語辞典」を活用する

国語辞典は物事を端的に表している、いわば「物事をまとめて紹介する文のお手本」です。「どんな説明の仕方をしているのかな」と意識して国語辞典を開く経験を重ねることで、言葉を言い換えることに慣れ、説明の仕方が上手になっていきます。

さらに、作文指導では、「書き慣れる」感覚を醸成することも欠かせません。

そこで、本書では、国語辞典に触れながら紹介する文を書き慣れていくことをねらいとした短作文のワークを「チャレンジ2」に紹介しています。

紹介する文

ある物事や人物について、それを知らない人に分りやすく伝える文。ここでは、自分が好きな食べ物を紹介する文を例に取り上げます。

このクラスにも、おすしが好きという人は多いと思います。私が好きな食べ物は、そのおすしの中でも、手まきずしです。POINT 1 手まきずしは、のりで、ごはんと具材をまいて作るおすしです。POINT 2 道具を使わずに手でまくので、だれでもかんたんに作ることができます。POINT 3

POINT 1
最初に、紹介するものや人の名前を示します。

POINT 2
紹介するものや人の基本的な説明をします。「名前」の他に、主な特徴や様子、「絵本」、「スポーツ」といったそのもののジャンルや種類などを書きます。上の例では、どんなおすしなのかを説明しています。

名前、特徴や様子、ジャンルや種類の区別がちょっと難しいな…。

↓チャレンジ1へ

わたしが手まきずしを好きな理由は二つあります。POINT4

一つは、いろいろな具材をお皿に並べると、見た目がはなやかになり、見ているだけでわくわくすることです。

もう一つは、自分で作って食べると、とくべつにおいしく感じることです。

ぜひ今度、みんなのおすすめの具材を教えてください。POINT5

「特徴や様子」って何をどこまで説明したらいいんだろう…。

↓チャレンジ2へ

POINT3

紹介するものや人について、くわしい説明をします。この例では、「好きな理由」ですが、その人やものの「良いところ」、「とくに知ってもらいたいところ」のように、「○○ところは……。」と説明することもできます。

POINT4

書く内容が複数ある場合には、内容ごとに文や段落をわけると、読みやすくなります。

POINT5

「おわり」に特徴をまとめて一言で表したり、今後していきたいこと、してほしいことなどを書いたりします。

チャレンジ 1

つないでしょうかい文にチャレンジ！

ねらい

「紹介する文」を書くときは、その物事の基本的な説明を最初にするとわかりやすくなります。基本的な説明とは、例えば「名前」「主な特徴や様子」「ジャンルや種類」などです。そのような枠組みのイメージができていると、スムーズに文章を書きはじめることができます。

そこで、ここではこの3点を一文で表した簡単な作文を紹介します。

手順

① 線でつないで、意味が通るように文を作る

3つのものの「名前」「特徴や様子」「ジャンルや種類」をバラバラに並べたものシートに、意味が通る文になるように線でつなぎます。

正しい文ができたら、となりのマス目にその文を書き写します。

③ オリジナルの問題を作る

慣れてきたらオリジナルの問題を作るようにします。友だちの問題を解いたり、おうちの人に出題したりして楽しみます。

「ちょい足し支援」のアイデア

- 「名前」「特徴や様子」「ジャンルや種類」を書いた言葉のカードをたくさん作っておくと、それらを自由に組み合わせて文を作る練習ができます。
- カードを数セット作って、カードゲームのように遊ぶと、楽しみながら文を組み立てる練習になります。

つないでしょうかい文にチャレンジ！

名前（　　　　　　　　　　）

1　それぞれのものが、「どんな」「何」なのかについて、しょうかいする文をかんせいさせましょう。

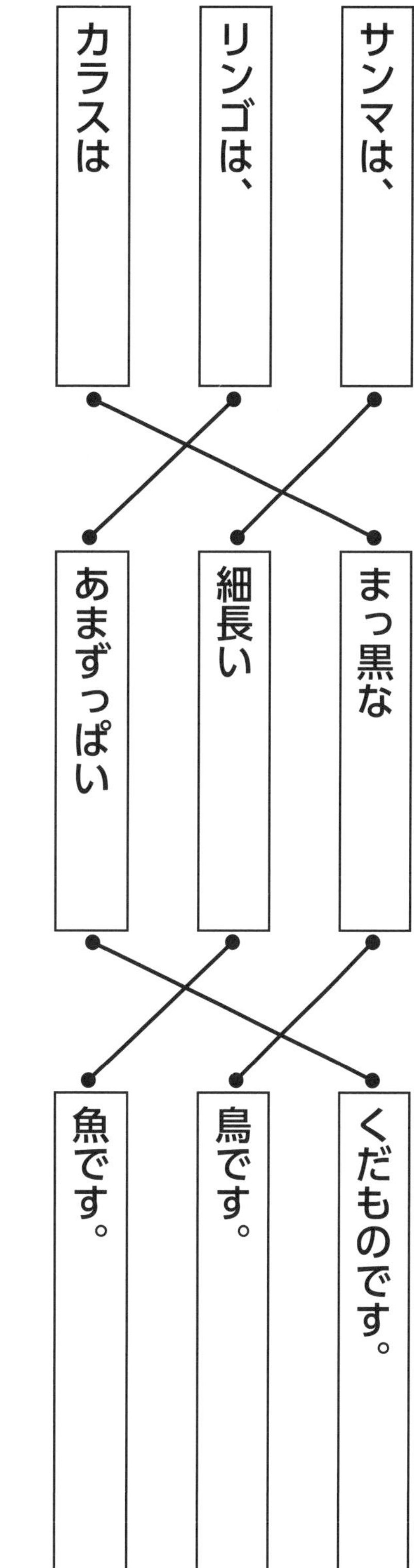

2　「1」でつないだ文をマス目に書きましょう。

サンマは、細長い魚です。

リンゴは、あまずっぱいくだものです。

カラスは、まっ黒な鳥です。

つないでしょうかい文にチャレンジ！

名前（　　　　　　　　）

1　それぞれのものが、「どんな」「何」なのかについて、しょうかいする文をかんせいさせましょう。

キュウリは、・	・ボールを使う・	・野さいです。
ドッチボールは、・	・土の中にすを作る・	・スポーツです。
アリは、・	・みどりいろの・	・こん虫です。

2　「1」でつないだ文をマス目に書きましょう。

B つないでしょうかい文にチャレンジ！

名前（　　　　　　　　）

1　3つのものについて、それぞれ「どんな」「何」なのかを紹介する文を完成させましょう。

アイスは、	木にあなをあける	花です。
ヒマワリは、	つめたい	鳥です。
キツツキは、	夏にさく	おかしです。

2　「1」でつないだ文をマス目に書きましょう。

つないでしょうかい文にチャレンジ！

名前（　　　　　　　　）

1　それぞれのものが、「どんな」「何」なのかについて、しょうかいする文をかんせいさせましょう。

サイダーは、	首が長い	のみものです。
イチゴは、	あまずっぱい	動物です。
キリンは、	あわが出てくる	くだものです。

2　「1」でつないだ文をマス目に書きましょう。

D つないでしょうかい文にチャレンジ！

名前（　　　　　　　　　　）

1　それぞれのものが、「どんな」「何」なのかについて、しょうかいする文をかんせいさせましょう。

2　「1」でつないだ文をマス目に書きましょう。

チャレンジ 2

国語辞典で調べて紹介しよう！

ねらい

紹介するものごとの「主な特徴や様子」は、詳しく説明するよりも簡単に説明するほうが難しい場合があります。これは、「簡単にまとめる」過程において、物事の概念を抽象化する作業が伴うためです。

ここでは、ものの基本的な説明をする練習として、国語辞典で調べた内容を書く作文を紹介します。

手順

①「調べるもの」を決める

何について調べるかを決めます。「はさみ」や「スイッチ」など、身近な物やその子が興味があるものでよいでしょう。

②国語辞典で調べる

決めたものがどのように説明されているかを国語辞典で調べます。大人用の辞書は、漢字が読めない、あるいは表現が難しいといった場合もあるため、子ども用の辞書を用意するのがおすすめです。

③調べた内容を紹介する作文を書く

何を調べたか、どのように説明されていたかを紹介する文を１００字程度で書くようにします。

「ちょい足し支援」のアイデア

●何を調べるか考えるのが難しい場合は、お題を書いたカードを用意し、その中から選べるようにします。また、裏返したカードから一枚を引き、書かれている言葉を調べるようにすると、ゲーム形式になって楽しめます。

●ステップアップした活動として、百科事典や図鑑、インターネットを使って調べる方法もあります。

国語辞典で調べて紹介しよう！

名前（　　　　　　　　）

お題

調べたいものを一つ決めて、それがどのようなものなのか、調べた内容を紹介しましょう。

①調べるものを一つ決めて一文目に書きます。
②それがどのようなものなのかを国語辞典で調べます。
③調べた内容をその後に書きます。

ヒント

○1文目は「わたしが調べたものは『○○』です。」と書きます。
○2文目は、「○○は………」と書きます。
○文のさいごは、「…です。」や「…ます。」と書きます。

わたしが調べたものは、サッカーです。サッカーは、十一人ずつのチームで、手を使わずに、相手のゴールにボールを入れて、そのとく点をきそうスポーツです。

国語辞典で調べて紹介しよう！

お題

調べたいものを一つ決めて、それがどのようなものなのか、調べた内容を紹介しましょう。

①調べるものを一つ決めて一文目に書きます。
②それがどのようなものなのかを国語辞典で調べます。
③調べた内容をその後に書きます。

ヒント

○1文目は「わたしが調べたものは『○○』です。」と書きます。
○2文目は、「○○は………」と書きます。
○文のさいごは、「…です。」や「…ます。」と書きます。

名前（　　　　　　　　　　）

わたしがしらべたものは、

［　　　　　　　　］です。

［　　　　　　　　］は、

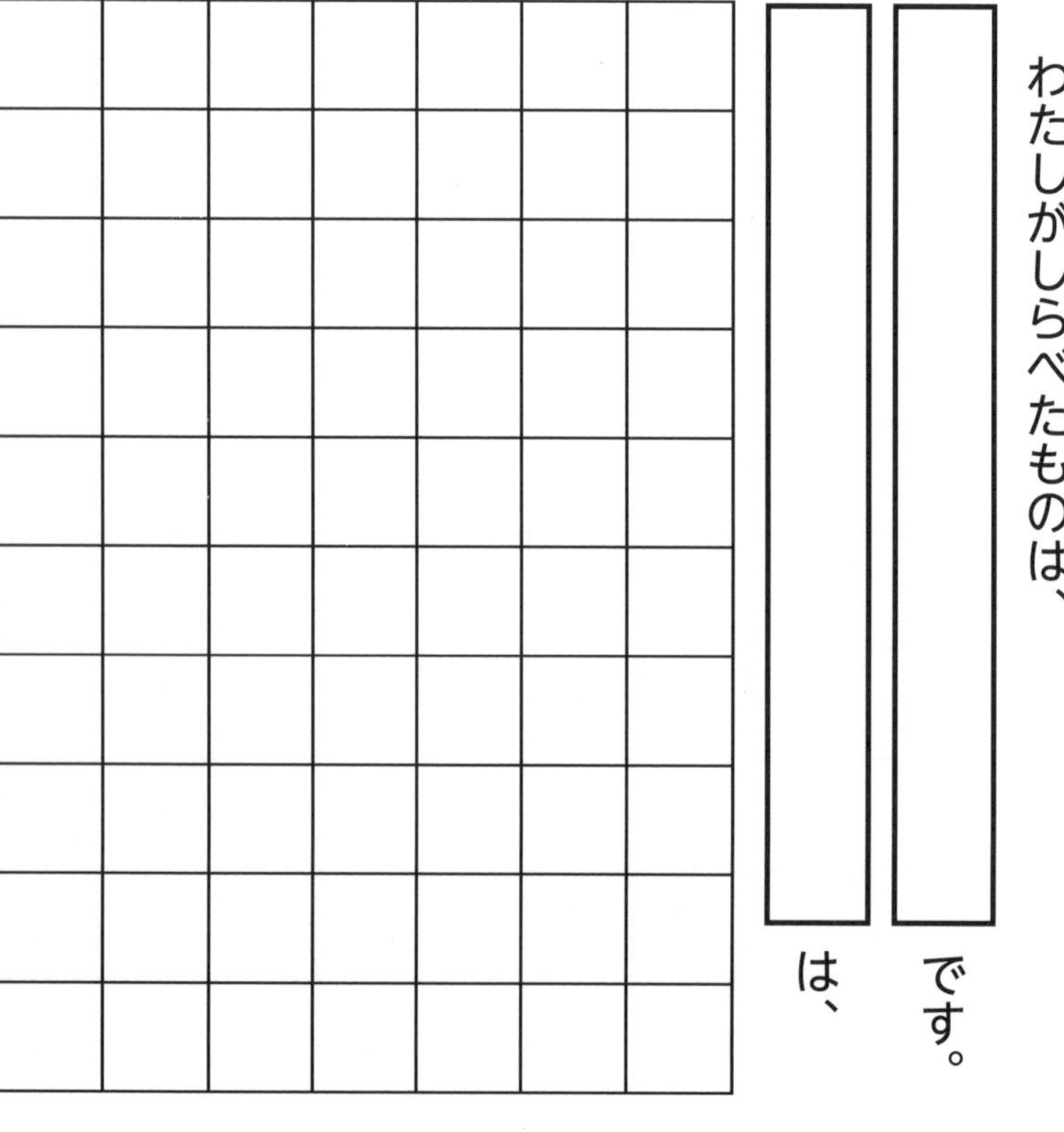

B 国語辞典で調べて紹介しよう！

名前（　　　　　　）

お題

調べたいものを一つ決めて、それがどのようなものなのか、調べた内容を紹介しましょう。

①調べるものを一つ決めて一文目に書きます。
②それがどのようなものなのかを国語辞典で調べます。
③調べた内容をその後に書きます。

ヒント

○1文目は「わたしが調べたものは『○○』です。」と書きます。
○2文目は、「○○は………」と書きます。
○文のさいごは、「…です。」や「…ます。」と書きます。

紹介する文 のまとめ

子どもたちの多くは、それぞれ好きなものや趣味があり、それに関する知識や情報を誰かに伝えたいと思っています。ただ、どう伝えたらよいかわからなかったり、伝えたけれど相手に伝わった感じがしなかったり、という経験をしてしまうと、その意欲が低下してしまうのです。

何を紹介するか、どのように紹介するか、も大切ですが、誰に紹介するかも作文のモティベーションにつながっていきます。「○○さんに読んでほしい」あるいは「○○さんならわかってくれる」という気持ちがあれば、紹介する文にワクワク感がさらにプラスされます。

私の大学院のゼミでも「自分の好きなものを紹介する」というプレゼンテーションを行っているのですが、①なぜAを紹介しようと思ったのか、②Aのどこが好きなのか、③Aの何を皆に伝えたいのか、ということが伝わるように工夫しましょう、と説明しています。

紹介されたものを読んでみたい、やってみたい、行ってみたい、食べてみたい、などとクラスメイトの一人でも感じてもらえるように工夫できると、紹介する文の魅力はさらにアップすることでしょう。

文種ごとの
支援法&
ワークシート

6

推薦する文

推薦する文を書けることのよさ

「推薦する文」とは、相手が必要とする条件に合わせて、いくつかの候補の中から特定の物事や人物を選択してすすめる文です。紹介する文と似ていますが、単に「こんなものがあるよ（人がいるよ）」と伝えるだけでなく、相手にそれを薦める意図で書くこと、取り上げる物事や人物を選択する際に重視する条件が相手のものであること、最終的にどうするのか、どれを選ぶのかという選択肢が相手にあることなどが異なります。

	取り上げる物事や人物	文を書く意図	相手にとっての選択肢
推薦する文	相手の条件に合わせて選択する	相手に薦めること	ある
紹介する文	自分の条件で選択する	相手に伝えること	問わない

推薦する文と紹介する文

その中でも大切にしたいのは、「取り上げる物事や人物を選択する際に重視する条件が相手のものであること」です。これは、「相手の立場に立って考える」ということであり、そのような意識や力を身につけることは、子どものソーシャルスキルの育成にもつながっていきます。

子どもにとっての困難さ

文を書くときに「相手の立場に立って考える」ことをしっかり意識し、行動に移すのは、「文を書く際に相手の立場に立って考える習慣が定着していない」「具体的にどうすればいいかがわからない」などの理由から、意外と難しいものです。

そのため、「相手の立場になって考える」が単なるスローガンになってしまい、完成してみると、「自分の好みを一方的に押しつける文」になっていることも少なくありません。

また、文の最後には、推薦した物事や人物について価値づけるような一言を加えると、説得力が増します。その一言は、「力強く」「かっこよく」表現すると効果的です。

ところが、ふだん、ユニークな表現を次々思いつく表現力豊かな子が、「作文」という形になったとたんにその力を発揮できないことがあります。

これは、「作文はまじめに書かないといけない」という意識が強すぎる、「かっこつけてると変に思われるかも」という不安があるといったことが原因です。

指導のコツ

「推薦する文」に関して、課題設定、子どもたちにとっての難しさへの対応という2点から、指導のコツを紹介します。

1 推薦する相手の設定を工夫する

相手の立場になって考えるためには、そもそも相手が明確になっている必要があります。相手の情報は、クラスのみんなといった規模の大きな集団よりも少人数のグループ、グループよりも個人と、人数の少ない方が把握しやすくなります。

ただし、相手の人数が多い方が「読み手」が増え、自分の文を読んでもらう楽しみが増えるという面もあります。

そこで、相手意識を持つことを定着したいときには個人や少人数のグループを相手に、慣れてきたら学級のみんなを相手にというように、子どもの状況によって、推薦する相手を選ぶことをお薦めします。

相手の人数	良い点	課題点
多い	○漠然としたニーズはイメージしやすい	△正確なニーズを捉えるには手間がかかる。
↕		
少ない	○正確なニーズを捉えやすい。	△「読み手」が減る。

推薦する相手の人数による違い

2 相手が必要とするものを調査する場を設定する

いくら事前に指導しても、いざ書き始めると、子どもたちは書くこと自体に一生懸命になってしまい、「相手の立場になって考える」どころではなくなりがちです。

そこで、どんな物事や人物を紹介するかを選択する段階で、相手の状況や必要とするものについて調査する場を設定することが効果的です。

なお、本書では、相手に合わせるという点を意識した短作文のワークを「チャレンジ1」で紹介しています。

3 表現のブレーキとなっている意識や不安を和らげる

「作文はまじめに書かないといけない」という意識や「かっこつけてると変に思われるかも」という不安が、表現することへのブレーキになっていると感じるときには、あらかじめ、そのような意識や不安を和らげておく必要があります。

そのためには、日頃から前向きであたたかい学級の雰囲気を築」とともに、「力強く」「かっこよく」表現すること自体を目的とした活動に取り組むこともお薦めです。

本書では、そんな活動の例として、「広告のキャッチコピーを考える」というワークを「チャレンジ2」で紹介しています。

推薦する文

相手が必要とする条件に合わせて、いくつかの候補の中から特定の物事や人物を選択して薦める文。ここでは、本の推薦をする文を例に紹介します。

水深200メートルより深い海に住む魚類を深海魚と呼びます。この本は、その中でも、特別ユニークな深海魚ばかりを紹介した図鑑です。POINT 1 例えば、「ゾウギンザメ」という深海魚がいます。その名前の通り、顔の先がゾウの鼻のような形になっています。POINT 2 この部分には、ある特別なはたら

POINT 1
推薦するものや人の基本的な情報を紹介します。本の推薦であれば作者やジャンルなどを紹介します。

POINT 2
本の推薦では、登場人物やあらすじなど、内容の一部を紹介します。内容は書きすぎないようにして、「もっと知りたい」というところで終わると効果的です。

きがあって、海底の砂の中にいるエサを探すことができます。POINT 3
ほかにも、変わった形や習性の深海魚がたくさん紹介されています。どれもおもしろい上に、説明の文章が子ども向けに書かれているので、とても分かりやすい図鑑です。POINT 4
深海魚というと、少し苦手な人もいるかもしれません。そんな人も、深海魚がちょっと好きになる、もともと好きな人はもっと好きになる、そんなおすすめの一冊です。POINT 5

POINT 3
推薦するものや人の良い部分を推薦する理由として紹介します。良い部分の中で、推薦する相手や目的に応じた内容を選ぶことが大切です。

相手に合わせるってどういうこと？
↓ チャレンジ1へ

POINT 4
推薦するものや人について価値づけるような一言を加えると、説得力が増します。力強く、かっこよく表現してみましょう。

ふざけてるって思われないかな…。
↓ チャレンジ2へ

POINT 5
相手や目的を考えたときに、他の候補よりも優れているという部分を理由として書くと説得力が増します。

チャレンジ 1

どっちが好き？ それならこの一さつ！

活動のねらい

推薦するためには、単に「こんな人がいるよ（ものがあるよ）」と伝えるだけでなく、「相手が必要とするものは何か」を考え、それに合う物事や人物を選ぶことが大切です。しかし、相手の立場になって考えることをしっかり意識し、行動に移すことは、意外と難しいものです。

そこで、ここでは、相手の好みを確かめてから推薦する文を書く短作文について紹介します。

活動の手順等

① 2冊の本の違いを考える

事前に用意した2冊の本について、違いを考えます。

ここでいう違いとは、魚の図鑑と鳥の図鑑なら「魚」と「鳥」です。また、犬が登場する絵本と車の図鑑なら「犬」または「動物」と「車」のほかに、「絵本」と「図鑑」という違いもあります。

② 相手の好みを確かめる

考えた「違い」について、どちらが好きかをおすすめする相手に聞きます。複数の違いがある場合は、そのうちの一点について聞くようにします。

③ 推薦する文を書く

相手が選んだ方の本について、「□□が好きな○○さんにぴったりの一冊です」と推薦する文を書きます。

「ちょい足し支援」のアイデア

- 違いを考えることが難しい場合は、大人が例を出して選択することもできます。
- 紹介する内容自体は、題名、ジャンル、主な登場人物など、基本的な内容にします。本にあまり関心がない、あるいは苦手意識をもっている子ども場合には、「おすすめの○○」のように、本に限定しないテーマに変えてもかまいません。

どっちが好き？　それならこの一さつ！

名前（　　　　　　　　）

1　すいせんするこうほとなる2さつの本を用意し、その「違い」を考えましょう。

本の名前	違い
これであなたも虫博士	虫の図かん
へんてこ動物大集合	動物の図かん

2　「違い」について、相手がどちらを好きなのかを確かめ、本をすいせんする文章を書きましょう。

　『これであなたも虫博士』は、虫の雑学をたくさん紹介した図かんです。
　この図かんには、虫の意外な習性や秘密が紹介されています。
　虫が好きなりょうさんにぴったりの一さつです。

ヒント　書き始めは「『(本の題名』は、…です。」、最後は「□□が好きな○○さんにぴったりの一さつです。」と書きます。

A どっちが好き？ それならこの一さつ！

名前（　　　　　　　　　）

1 すいせんするこうほとなる2さつの本を用意し、その「違い」を考えましょう。

本の名前	違い

2 「違い」について、相手がどちらを好きなのかを確かめ、本をすいせんする文章を書きましょう。

ヒント 書き始めは「『(本の題名』は、…です。」、最後は「□□が好きな○○さんにぴったりの一さつです。」と書きます。

B どっちが好き？　それならこの一さつ！

名前（　　　　　　　　）

1　すいせんするこうほとなる2さつの本を用意し、その「違い」を考えましょう。

本の名前	違い

2　「違い」について、相手がどちらを好きなのかを確かめ、本をすいせんする文章を書きましょう。

『　　　　　　　　』は、

　　　　　　　　です。

この本　　　　　　　　

　　　　　　　　さんに

ぴったりの一さつです。

めざせ！　売れっ子コピーライター

活動のねらい

ふだん、ユニークな表現を次々思いつく表現力豊かな子が、「作文」という形になったとたんにその力を発揮できないことがあります。これは、「作文はまじめに書かないといけない」という意識が強すぎる、「かっこつけてると変に思われるかも」という不安がある、といったことが原因です。

そこで、思い切って「力強く」「かっこよく」表現しやすいよう、広告のキャッチコピーを題材に取り上げます。

手順

① あらかじめ、チラシや雑誌などから商品の写真をはったり絵をかいたりしたワークシートを用意します。

なお、子ども自身が商品を選びたい場合は、121ページのワークシートBを使ってください。

② 「宣伝したい相手」、「(好きな物や必要な物、最近の様子など)」を考えます。これによって、相手に応じたキャッチコピーを意識しやすくします。

③ キャッチコピーの案を考えます。たくさん思いつく子には、多めに考えて、その中からいいと思うものを選ぶように促します。

④ 商品の写真や絵のまわりに、キャッチコピーを書き込みます。縦書き、横書きは自由です。

「ちょい足し支援」のアイデア

●チラシなどを用意しておき、「商品を自分で選んだ方が書きやすい」という子には、それを渡すようにしてもかまいません。ただし、チラシを丸ごと渡すと、商品の種類が多すぎて選ぶ作業自体に時間がかかる場合もあるため、あらかじめ商品数を絞ったものを用意するのがおすすめです。

めざせ！　売れっ子コピーライター

名前（　　　　　　　　　　）

野菜好きの人のための野菜ジュース！

1 せん伝したい相手は…

お母さん

2 その相手の情報（好きな物や必要な物、最近の様子など）は…

・野菜が好き
・仕事から帰ってきたら、「あー、つかれた」とよく言っている

3 こんなことを言うと買ってくれそうだな…。

・野菜好きの人のための野菜ジュース！
・お仕事お疲れ様。これどうぞ！
・つかれた体にこの一本！

4 上のわくにキャッチコピーを書いて広告を完成させましょう。

めざせ！　売れっ子コピーライター

名前（　　　　　　　　）

1　せん伝したい相手は…

2　その相手が好きな物や必要なものは…

3　こんなことを言うと買ってくれそうだな…。

4　上のわくにキャッチコピーを書いて広告を完成させましょう。

B めざせ！　売れっ子コピーライター

名前（　　　　　　　　）

1　せん伝したい相手は…

2　その相手が好きな物や必要なものは…

3　こんなことを言うと買ってくれそうだな…。

4　上のわくにキャッチコピーを書いて広告を完成させましょう。

推薦する文 のまとめ

「紹介する文」は、自分の好みで書くことができます。一方「推薦する文」は「こういう人にはこういうものがおすすめ」といった他者視点を必要とする点が大きな違いです。相手や目的に応じていくつかの候補の中から選択する行為には、かなりの「相手の立場になって考える」力が必要になります。

第１章で藤野博先生も書かれているように他者視点の獲得に困難がある子どもに対して「相手のことをよく考えてみてください」という指導をしても、他者視点をひねりだすことはなかなかできるものではありません。

本書では、選択肢を提示してその相違点を考えさせるようにし、その「違い」が選択する人の好みとどうマッチングするかを具体的にクラスメイトに聞いてみる、という設定にしています。ここでも、漠然とした対象ではなく、誰に対して書く文章かを方向づけることによって、より書きやすくしています。

なお、長い文章を書くのは苦手でも面白い一言をうみだせる「ひらめきタイプ」の子どももいるので、キャッチコピーのような印象的な表現を先に考えさせた後で、その表現がいきるように文を組み立てていくという方法も有効です。

文種ごとの
支援法&
ワークシート

7

提案する文

提案する文を書けることのよさ

提案する文がどのような場面で必要になるか、考えたことはありますか？　子どもなら、学級のルールを決めたり、お楽しみ会を企画したり、係活動で新たな取り組みを提案したりする場面でしょう。教員の場合は、職員会議等での取り組みを考える場面で、提案文書を作成していきます。形式は違っても、さまざまな職種で同様のことは行われています。

知っておきたいことは、年齢や環境にかかわらず、だれもが「提案する」機会に囲まれて生活していることです。他者とのつながりの中で生きる上で、わたしたちは主張や受容をしたり、新たな考えを創造したりしながら生活しています。

その時、自分の思いを相手に伝え、よりよい環境を整えていくためには、「提案する力」が必要になります。提案する力を身につけることによって、自分が思い描く環境づくりを可能にしていくことができます。

子どもにとっての困難さ

学校においても、子どもたちはさまざまなつながりの中で学んでいます。その中で、自分の思いがあるものの、上手く表現できずに終わってしまうことも少なくありません。

もしかしたら、その表現方法を知らないだけかもしれません。①どのような手続きを経ればよいのか、②何を伝えればよいのか、③どのように伝えればよいのか、教えていく必要があります。

指導のコツ

①は提案する行為そのものです。本書での提案する文は、文に起こして提案するというものです。文章にすることで、論理的で、客観的に自分の考えを相手に伝えることができます。また、いつでも、誰にでも手に取ってもらえるという良さもあります。

②は伝える内容です。何を伝えればよいのか、何を伝えることで相手は納得してくれるのかなど、提案の具体的項目に関する知識を身につけることが大切です。

③は、具体的な項目をどのように並べれば、相手の納得を得られるのか学んでいきます。

これら3つの共通するポイントとなるのが、「相手意識」です。自分の思いを伝えるだけでは、その提案は受け入れられません。相手の同意を得られるような工夫が必要になるのです。

次の3つのポイントを意識して提案する文を書くことで、「相手意識」をもった提案する文を子どもが書けるようになります。

また、できた文章をもとにプレゼンテーションソフトを活用して、提案する活動に広げてもよいでしょう。これは、大人の企画提案により近い形式になるので、使える学力の定着にもつながります。

1 改善したい理由を整理し明確にする

相手の納得を得るためには、「それは必要だ」「ぜひやってみたい」と思ってもらうことが大切です。つまり、相手の心を動かし、つかむのです。

もし、生活場面の課題を解決する提案ならば、相手、つまり読者と現状やその問題点を共有し、共感を得ることで心を動かすことができます。困っている具体的場面を想定しながら問題点を示したり、困っている人がいることを紹介したりして共感を得るようにします。そのためには、子どもが見つけた問題点について、その理由を複数挙げ、その中から共感を得られそうなものを選択するようにします。

2 具体的な提案内容を考える

改善したいことを紹介したあと、実際どうするのか、どうしてほしいのか、具体的な提案内容が必要になります。これがないと、「実際どうするのか」と、相手を困惑させてしまいます。

一つの課題に対して、それを解決する取り組みは複数存在するものです。いずれも「何を」「どうする」の観点でまとめるとわかりやすくなります。

その次に、具体的取組を取りまとめた「提案すること」を決めます。ここで気をつけたいのは、「提案すること」は、ポジティブな行動指針になるようにすることです。「○○しないようにする」ではなく、「○○しよう」といった具合です。前者では、「○○しない」ことはわかったけど、「どうするのか」と悩んでしまいます。後者にすることで、これからの行動意欲を支えるものとなっていきます。わたしたちも、行動を抑制されるだけよりも、代替行動を示された方が、ストレス回避につながるという経験があるのではないでしょうか。

3 提案が実現したときの効果を示す

最後に、相手に見通しをもってもらうようにします。近い未来に自分にとって良いことがあると見込めれば、人はその行動の価値を見いだし、積極的にその行動をするようになります。

しかし、近い未来に良い見込みがない場合は、その行動意欲は低下し、維持することができません。提案の際には、「未来への良い見込み」を見いだせるようにすることが重要です。

そこで、提案が実現したときの効果について、相手に明示する必要があるのです。

提案する文

行動などをいくつかの候補から選択して薦める文

POINT 1
まず、提案のきっかけとなった経験等を書きます。生活（学校生活）の中から生まれた問題は、提案を聞く人にとっても身近で、共感を得やすいものです。

POINT 2
「何が」「どうして問題なのか」を具体的場面を示しながら説明します。

どんなことを提案したらいいのかな？
↓ステップ1へ

POINT 3
気をつけたいのは、「○○をやめることを提案します」としないことです。これでは、具体的にどうしたらよいのかわかりません。

POINT 4
理由は、読み手やみんなの生活（学校生活）が、よりよくなることを伝えられるようにします。

POINT 5
具体的取組は、箇条書きにすると伝わりやすいです。

どんな提案をしたらいいのかな？
↓ステップ2へ

POINT 6
提案が実現した時の効果を示し、読み手が「それならやってみたい」と思えるようにします。

どうしたら納得してもらえるのかな？

へ

安心・安全な１日のスタートをきろう！

六年三組　〇〇〇〇

① 提案のきっかけ

この前の月曜日の朝、昇降口で転んでけがをした低学年の子を見た。とても痛そうだった。POINT 1

朝の昇降口の様子を見てみると、朝の昇降口は、とても混雑していた。その原因の一つは、先生がカギを開けるのを待っていた多くの子たちが、順番を考えず、いっせいに入ろうとしてしまっているということが分かった。もう一つは、３つの学年が入り混じってまっていたことで、昇降口に入るときに、他の学年の子とぶつかってしまっていたのがわかった。POINT 2

以上のことから、私は、次の２点を提案する。

② 提案

（１）待機線の設置

学年ごとに色分けした待機線を昇降口前に設けることを提案する。POINT 3

これは、どの学年の子が、どこに並ぶのかが分かれば、昇降口に入る順番を守らなかったり、ぶつかったりすることを防げると考えたからだ。POINT 4

具体的には、次のような待機線を設置する。POINT 5

・１年生は赤、２年生は黄、６年生は青の色テープを昇降口のコンクリートに設置
・昇降口には、色テープと学年、並び方を説明したポスターを掲示
・放送委員会に依頼して、設置したことを放送で伝える

待機線の設置によって、早く登校した人から順に並び、その順番で昇降口から入ることができる。学年ごと並んでいるので、６年生が低学年の子とぶつかってしまうことも防げるだろう。そして、何よりも、けがをする人がいなくなると考える。POINT 6

（２）●●●（必要に応じて）

③ まとめ

これらの提案が実現すれば、だれもが安全な学校生活のスタートをきることができる。慣れるまで少し時間はかかるかもしれないが、相手意識もつ練習ができる。これにより、他の学校生活場面でも相手意識をもって、安心した学校生活が送れるだろう。

ステップ1

改善したいこととその理由を整理しよう

付箋を取捨選択したり並びかえたりしていきます。

ねらい

書き手の考えを伝えるだけでなく、読み手に「それは必要だ」「ぜひやってみたい」と思ってもらえるようにするのが、提案する文を書く上でとても大切です。そのためには、現状や問題点に共感し、提案する理由に納得してもらうことが必要です。

そこで、読み手の共感を得るという点を意識した提案する文の第一段階について紹介します。

手順

①生活での問題点を書き出す

学校生活や家庭生活で困っていることや改善したい問題点などを書き出します。

②問題点について、自分の考えを書く

なぜそれが問題なのか、なぜ改善したいのか、その理由や自分の考えを三枚程度、付箋に書いていきます。

③付箋の順番を並び替え、構成を考える

みんなから「確かにそうだね」と言ってもらえそうな順に、

「ちょい足し支援」のアイデア

●困っていることや改善したい問題点などを思い出せない場合は、大人が例を複数提示して、選ぶこともできます。場合によっては、聞き取りインタビューをしたり、アンケートをとったりして、問題点に関する情報を集めてもいいでしょう。

●学校生活や家庭生活など、どの場面における問題を扱うかは、実態や学習場面に合わせてください。

●困っていることや改善したい問題点とした理由を付箋に書くことによって、取捨選択したり、順序を考えたりすることができます。

ステップ1　改善したいこととその理由を整理しよう

名前（　　　　　　　　）

過ごしやすい学校生活になるように、提案書を書こう。書いた文は、提案書の中の「提案のきっかけ」に書きます。

お題（例　学校生活）

① まず、学校生活の中で、困っていることや改善したい問題点などを書き出します。

② なぜそれが問題なのか、なぜ改善したいのか、理由や自分の考えを付せんに書きましょう。

③ 書いた付せんの中で、みんなに「そうだね」と言ってもらえそうな順に並びかえましょう。

④ ここまでをワークシートにまとめましょう。

困っていることや改善したい問題点	
理由や自分の考え	

ステップ2

具体的な提案内容を考えよう

ねらい

困っていることや改善したいことが整理されたら、実際にそれを改善していかなくてはなりません。「どうしていくのか」が、提案する文では、一番大切な部分になります。

ここでは、「何を」「どうするのか」という視点をもって、提案すること（内容）や具体的な取り組み等についてまとめていきます。

手順

①「何を」「どうするか」を考える

ステップ1を受けて、具体的に「何を」「どうするのか」を考えていくことで、困っていることや改善したいことの解決を図ります。

②具体的な取り組みを三つ程度書き出し、テーマを設定する

子どもは抽象的なテーマよりも具体的な取り組みの方が考えやすいです。そこで、まず困っていることを改善する具体的な取り組みを三つ程度挙げます。

その後、全体をまとめる形の「提案すること」を設定します。

「ちょい足し支援」のアイデア

- 具体的にどう行動したらよいのかが見えないと、提案にはなりません。そのため、「何を」「どうするのか」をきっかけに、文章をまとめていきます。
- 「具体的な取り組み」と「提案すること」は、子どもが考えやすい順でまとめるとよいでしょう。

例えば、全体（抽象）をとらえてから部分（具体）を考えることが得意な子は、提案することを設定してから、具体的な取り組みを考えます。部分（具体）を考えてから、全体（抽象）を考えることが得意な子は、具体的な取り組みを考えてから、提案することを設定します。

ステップ2 具体的な提案内容を考えよう

名前（　　　　）

お題（例　学校生活）

過ごしやすい学校生活になるように、提案書を書こう。

番号の順にうめて、提案内容を考えましょう。書いた文は、提案書の中の「提案」に書きます。

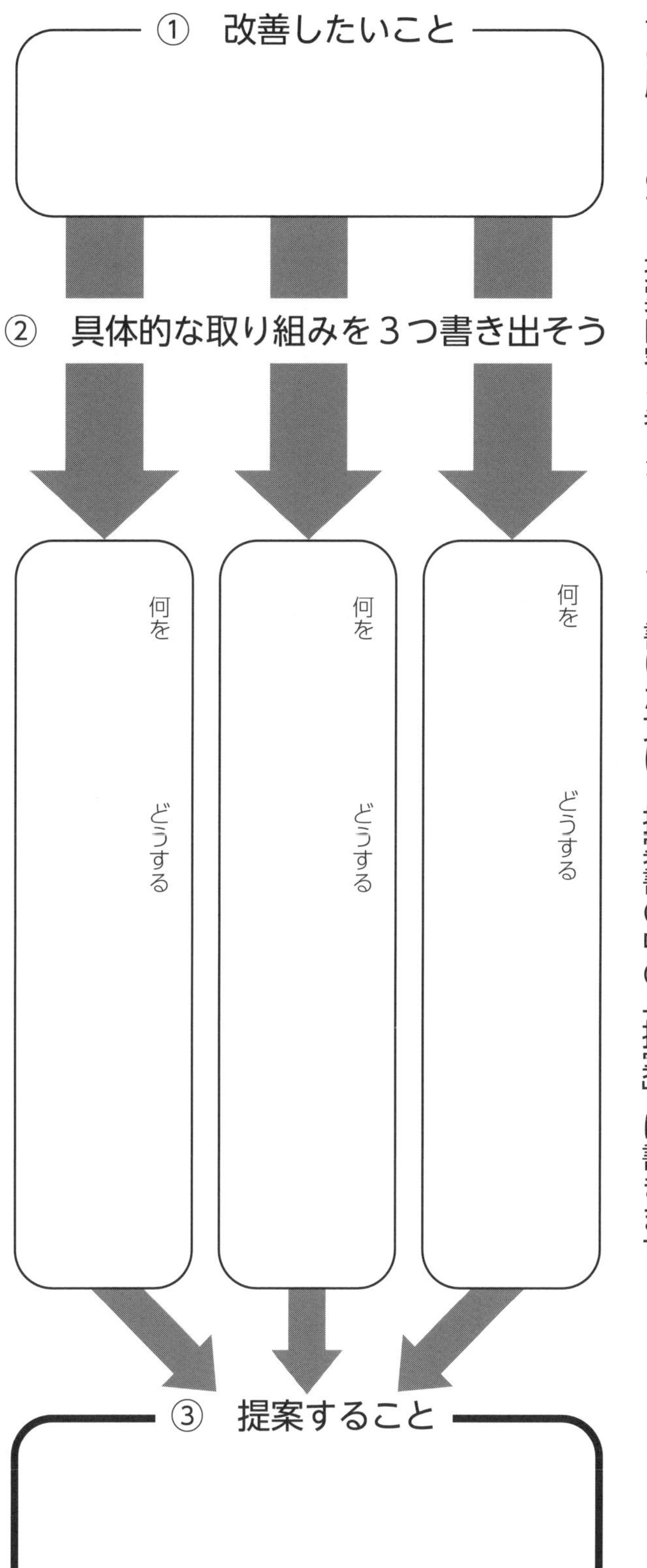

ステップ3

提案が実現したときの効果を示そう

ねらい

書き手は、提案するからには、それを実現できるように努めます。しかし、実現のカギを握るのは、読み手です。ですから、読み手が納得するような後押しが必要になります。それが、「実現したときの効果を示す」ことです。これを伝えることで、読み手は問題が改善したときをイメージしやすくなり、提案に対して賛成してくれるようになります。

手順

①困っていたこと、問題点を確認する

ステップ1で書いたことをもとに、提案のきっかけや理由となった「改善すべき問題」を整理します。

②改善したときの効果についてまとめる

①で整理した「改善すべき問題」が改善されたとき、どんないいことがあるのか、状況や周囲の人、自分の気持ちなどに起こる変化を整理します。そうすることで、問題と提案による解決とのつながりが明確になり、説得力が増します。

③提案書を完成させる

ステップ1からワークシートにまとめてきたものをもとに提案書を完成させます。推敲する際には、「提案のきっかけ」や「問題点」、「提案すること」と「具体的な取り組み」、「提案が実現したときの効果」に一貫性があるのかを確認するようにします。

「ちょい足し支援」のアイデア

●長い文章を書いている間に、主旨がズレてしまうことがあります。ワークシートやノートを使って、「提案のきっかけ」や「問題点」等を記録として残しておくことで、一貫性をもった提案書になります。一貫性をもたせることで、読み手を納得させることにつながるのを意識できるようにしたいです。

ステップ3 提案が実現したときの効果を示そう

名前（　　　　　　　　　　　　）

お題（例　学校生活）

過ごしやすい学校生活になるように、提案書を書こう。問題だったことが、この提案でどう解決しますか？どんないいことがありますか？　問題と改善したときの効果を書きましょう。書いた内容は、提案書の中の「提案」の後半に書きます。

改善すべき問題 → 改善したときの効果

改善すべき問題 → 改善したときの効果

改善すべき問題 → 改善したときの効果

提案する文 のまとめ

「提案する文」の難しさは、読み手に「それは必要だ」「ぜひやってみたい」と思わせる、共感を得られるような文を心がけなくてはならないという点です。

ここでも、他者視点という大きなバリアが立ちはだかります。相手の心を動かすような提案をするためには、より説得力のある文章を作らなくてはなりません。そこには視点の共有、あるいは「もし自分がこういう立場だったら」というイメージ化能力が不可欠です。

他者と視点を共有するための鍵は、自分と相手の共通点にあるわけですが、学びにつまずきのある子どもは、「違い」には敏感でありながら「共通点」に気づくことが難しい場合が少なくありません。

「似ているところ」「共通点」という抽象概念の理解は学習の土台として重要です。そこに気づかせるために、まずは提案する事柄の根拠となる見方・考え方の「よさ」に着目させる方法があります。「よさ」「いいところ」あるいはメリットと言ってもいいでしょう。そのメリットを明確に伝え、相手を「なるほど」と納得させることができれば、視点の共有までかなり近づいたことになります。

「何を」「どうするのか」「それによってどうなるのか」という具体性と、結果によるプラス効果という抽象思考との橋渡しができるように支援していきたいと考えます。

文種ごとの
支援法＆
ワークシート

8

報告する文

報告文を書けることのよさ

報告文とは、観察や調査・研究した特定の内容を、特定の相手に、わかりやすく知らせることを目的とした文章です。報告文は、記録した内容をもとに作成されることが多いです。生活で最も必要性の高い文章でもあります。

子どもにとっての困難さ

子どもたちにとって報告文を作成する困難さとは一体何でしょうか。

一つ目は、子どもたちは、生活の様々な場面で報告する経験をしています。しかし、いざ文章として表現すると何をどのように報告すればよいのかわからず、困ってしまうことがあります。

二つ目は、記録したことをまとめる段階でのつまずきです。観察や調査で報告する内容を記録することはできます。しかし、その記録をどうまとめればよいのかという段階でつまずきを感じる子どもが少なくありません。

三つ目は、報告文の「終わり」の段階で起きます。記録してわかったことをまとめたあと、自分の意見として何をどのように書けばよいか、などで困惑する子どもがいます。

指導のコツ

1 報告文の構成について

「調べたきっかけ」「調べ方」「調べてみてわかったこと」「まとめ」の四項目を柱として報告文を構成しています。

初め	「調べたきっかけ」
中	「調べ方」 「調べてわかったこと」
終わり	「まとめ」（まとめ＋主張）

※本書では、子どもが報告文を書く際の思考にそって書けるように尾括型で文章を構成しています。尾括型とは、主張に向けて読者の興味や関心を喚起していく構成です。頭括型、双括型など、子どもの実態、発達段階、目的に応じて文章構成の型を変化させてください。

2 調べ方・調べたことをまとめる

●調べ方

調べ方（例）

大きく二つの方法で調べてみました。

一つ目は、「兄と姉にインタビュー」することで調べました。兄と姉は中学生と高校生ですが、二人とも鬼滅の刃の大ファンで、彼らならその秘密がわかるのではないかと考えたからです。

二つ目は、「インターネット」で調べました。インターネットには「鬼滅の刃」の情報がたくさんのっているので、きっと人気の秘密もみつけることができると考えたからです。

見本として「調べ方」＋「その理由」という形の文書を示しています。自分の調べたい話題にはどの調査方法が一番効果的か考えられるようになっています。

最近はインターネットの情報だけを使用する子どもが増えています。調査には他にも「インタビュー」「アンケート」「自己体験」「書籍を使う」など多様な方法があります。

●負担を少なくまとめる

例示した文章をもとに、「穴あきワークシート」「書き出しの言葉の言葉のみ書いてあるワークシート」を用意し、負担なくまとめに取り組めるようにしています。

「穴あきワークシート」は「○○は、なぜ大人気なのか」という話題限定のシートです。○○に言葉がうまく当てはまらない場合は、自由に書き換えて使用ください。

3 感想・意見をどう書くのか

子どもたちにとって一番負担の大きいのが、感想や意見を書く段階です。そもそも子どもは、何を書いてよいのかよくわからないからです。そこで、4つのパターンを提示し選択する方法を提案しています。

㋐ 感想パターン
・これからは、私も○○○ということを大切にしていきたいと思いました。

㋑ 話題を広げるパターン
・次は、○○○について調べてみたいと思いました。

㋒ 意見パターン
・調べてみて、○○の大切さがわかりました。でも、◆◆◆の方がもっと良いのではないかと思います。その理由は・・・

㋓ お勧めパターン
・ぜひ皆さんも○○してください。

もちろん、この4つ以外のパターンも考えられます。これらを自分で組み合わせて新しいパターンを考えるなど、子どもが進んで自分の感想や意見を考える材料を提示することが目的です。

報告する文

調査や活動の内容について、そのきっかけや目的、計画、成果と課題などを整理して伝える文。ここでは、調査した内容について報告する文を取り上げます。

POINT 1

4つの項目にそって報告文を書きます。

①調べたきっかけ【初め】
②調べ方【中】
③調べてわかったこと【中】
④まとめ（わかったことのまとめ＋感想・意見）【終わり】

POINT 2

自分の興味関心のあるもの、不思議に感じるものやことを話題とします。

各話題を見つけるのが苦手です。何について書けばいいの？

へ

POINT 3

知りたいことに合わせて調べ方を工夫します。

○インタビュー
○アンケート
○実際に体験・観察して調べる
○本などの資料を使って調べる
○インターネットを使って調べる

POINT 4

【中】「調べてわかったこと」では、調べてわかった事実と、自分の考えを区別して書きます。目的に応じ、写真や図などを使うことで読み手に伝わりやすくなります。

調べるのはいいんだけど、そのあとにどうまとめるの？ → ステップ2へ

さいごのまとめがうまくかけないんだけどどうしたらいいいの？ → ステップ3へ

「鬼滅の刃」はなぜこんなに人気があるのか

報告者＿＿＿＿＿＿＿＿

調べたきっかけ POINT 1
「鬼滅の刃」が、小学生から大人まで大人気なのにはきっと秘密があるのだろうと気になりました。POINT 2
そこで、なぜこんなに人気があるのかについて考えてみたいと思い、調べてみました。

調べ方
大きく二つの方法で調べてみました。一つ目は、「兄と姉にインタビュー」することで調べてみました。兄と姉は中学生と高校生ですが、二人とも鬼滅の刃の大ファンで、彼らならその秘密がわかるのではないかと考えたからです。POINT 3
二つ目は、「インターネット」で調べてみました。インターネットには「鬼滅の刃」の情報がたくさんのっているので、きっと人気の秘密もみつけることができると考えたからです。

調べてみてわかったこと POINT 4
「兄と姉へのインタビューから」
調べてみると、彼らが大好きな理由がわかりました。それは、キャラクターそれぞれの個性がみんな違い、それぞれに格好よいところがあるところです。
たとえば、主人公のたんじろうの同期の「我妻善逸（あがつま・ぜんいつ）」は普段は、気弱なのにいざとなると、強さを発揮するところに、格好良さを感じる人が多いそうです。

「インターネットで調べてみると」
調べてみると、小学生でもわかりやすい物語の設定であることがわかりました。それは、「鬼」と「鬼殺隊」という、敵味方の対立がシンプルでわかりやすいということです。また、「鬼殺隊」はいくつかのグループに分かれ、柱というリーダーを中心に協力したり、互いにライバル関係になったりする設定になっています。

まとめ
調べてみると、鬼滅の刃は、小学生にもわかりやすい物語の設定になっていて、キャラクターが個性的でいざとなると格好良くなることにワクワクする人が多いことがわかりました。
そういえば、ドラえもんが大人気の理由も、話がわかりやすく、いざとなった時、「のび太」もたのもしくなったり、普段わがままな「ジャイアン」は誰よりも優しくなったりしていることに気づきました。大人気のマンガには他にも秘密があると思います。今度は、ドラえもんをテーマに探してみたいと思いました。

ステップ1

調べたい話題を見つけよう

ねらい

調査したことを報告する文では、まず、調べるテーマを決めることが多いと思います。しかし、子ども自身が報告したいと思うテーマでなければ、その後の意欲も高まりません。そこで、子どもにとって調べる必然性や興味関心のあるテーマをはっきりさせます。

手順

次のページのワークシートを使い、このような一文で調べるテーマを考えます。

「なぜ、 興味のあるもの・こと は、 不思議だと思った点など なのか。」

ちょい足し支援

●個別に教師と一緒に取り組むタイプのお子さんには、インタビューしながら興味関心のある話題をいっしょに探します。いくつか提示した中で、最終的には本人が決めて取り組むようにするとよいです。おすすめの話題は、休み時間によく取り組んでいる遊びや、老若男女が知っているアニメや漫画などです。

●こだわりの強い子で話題を自分で考えることが苦手な子には、少しマイナスな話題や、知的好奇心をくすぐるような話題を例示するのをおすすめします。

例：なぜ大人はビールを飲むのか。
なぜ給食に毎日牛乳がでてくるのか。
なぜ親や先生はよく子どもをしかるのか。
なぜ学校には掃除をする時間があるのか。
なぜ恐竜は絶滅したのか。（恐竜好きの前提）
なぜ恐竜は大きな体なのか。（恐竜好きの前提）

調べたい話題を見つけよう

名前（　　　　　　　　）

①まず、2つの話題決めシートから㋐か㋑どちらで話題を考えるか選びましょう。

㋐コース：お手本を参考に取り組みたい人
㋑コース：自分の興味のあることを調べたい人

②□の中に自分の調べてみたいと思う話題について書きましょう。

③「㋑コース」を選んだ人は…
□の中に、自分が不思議だなと思うことや、もっと知りたいなあと思うことを書きましょう。
※文末を「～なのか」を「～あるのか。」「～だろうか。」など自由に変えてもよいです。

㋐コース

なぜ、［　　　　　　］は、
こんなに人気があるのか。

例
なぜ「ドラえもん」は、こんなに人気があるのか
なぜ「マクドナルド」は、こんなに人気があるのか
なぜ「アイドル㋐さん」は、こんなに人気があるのか

㋑コース

なぜ、［　　　　　　］は、
［　　　　　　　　　　］なのか。

例
なぜ犬はおなかをなでると喜ぶのか
なぜ50円玉には穴が開いているのか
なぜ大人はビールを飲むのか

ステップ 2

調べたことを整理して書こう

ねらい

テーマを決め、書く材料を集めたら、それらをもとに報告文の「初め」と「中」を書きます。

その際、子どもたちにとって負担なく取り組めるのは、教師が提示した「報告文」の型に沿ったワークシートを数種類準備し、それぞれの子が自分にあったワークシートを選んで取り組んでいく方法です。

手順

子どもにA～Cのワークシートの中から適切なものを選んで使用します。

ワークシートA（穴埋め式で完成）

穴埋め式で完成するタイプです。書き方の手がかりが多いため、文章を書くこと自体に不安のある子たちにとって、負担の少ないワークシートになっています。

ワークシートB（書き出しのヒント付き）

文の書き始めに「書き出しの言葉」があるだけで、すらすら書き始めることができる子にお勧めのワークシートです。

ワークシートC（自由に書きたい子用）

型にはまらず書きたい子には、罫線だけが引かれたワークシートCがお勧めです。AやBで書いた報告文を清書する用紙にも使えます。

「ちょい足し支援」のアイデア

- 穴埋め式でもちょっと厳しいという子には、はじめに例文（ワークシートD）をいっしょに読み、「○○さんの報告文に必要のない部分はどれかな?」と、不要な言葉や文をペンで消したり、逆に必要な内容を書き加えたりするのがおすすめです。完成時のイメージをもちやすく、楽しみながら取り組むことができます。

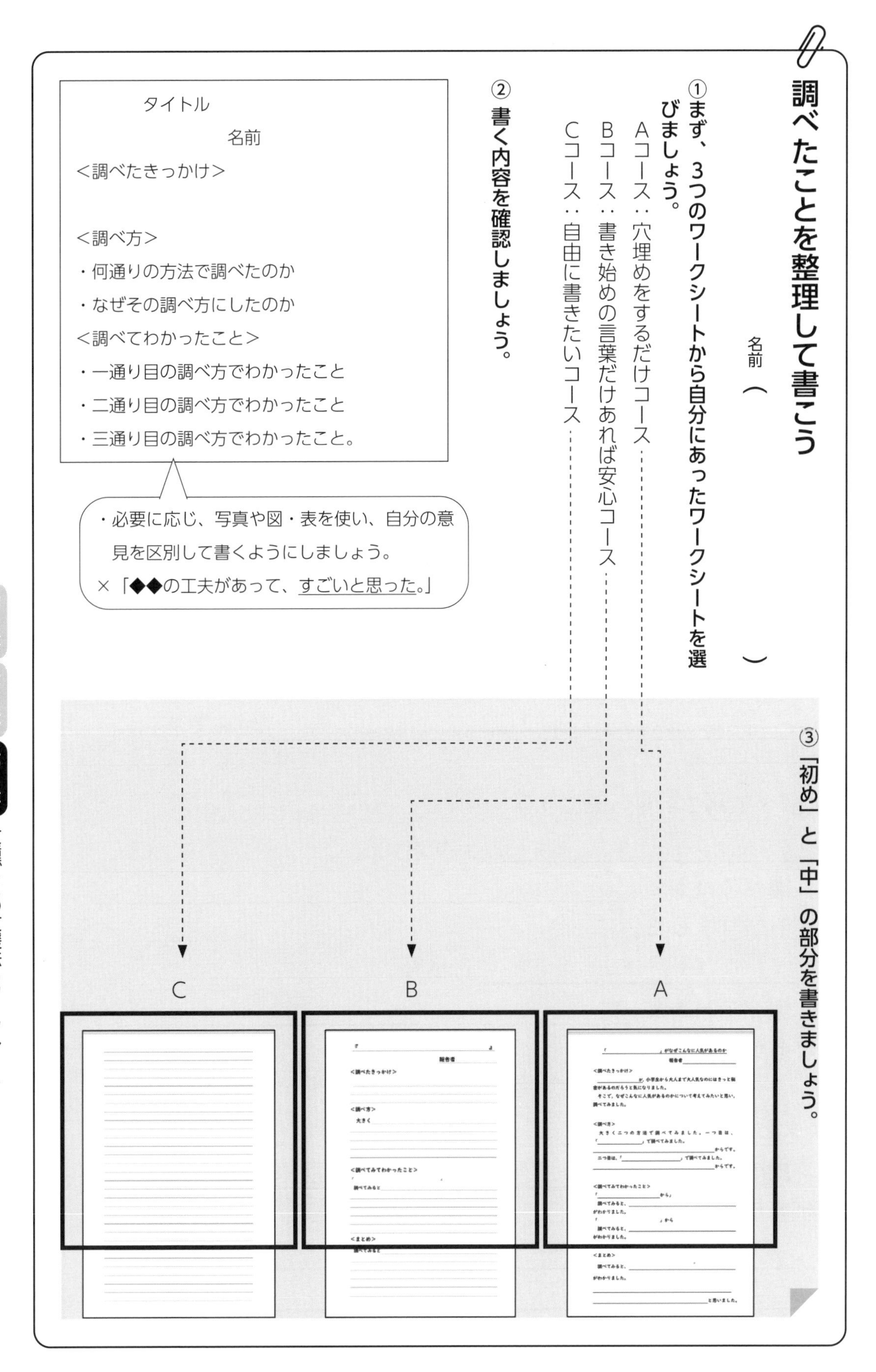

調べたことを整理して書こう

名前（　　　　　　　　　　）

①まず、3つのワークシートから自分にあったワークシートを選びましょう。

Aコース：穴埋めをするだけコース

Bコース：書き始めの言葉だけあれば安心コース

Cコース：自由に書きたいコース

②書く内容を確認しましょう。

タイトル
名前
<調べたきっかけ>

<調べ方>
・何通りの方法で調べたのか
・なぜその調べ方にしたのか
<調べてわかったこと>
・一通り目の調べ方でわかったこと
・二通り目の調べ方でわかったこと
・三通り目の調べ方でわかったこと。

・必要に応じ、写真や図・表を使い、自分の意見を区別して書くようにしましょう。
×「◆◆の工夫があって、すごいと思った。」

③「初め」と「中」の部分を書きましょう。

A

B

C

「　　　　　　　　」がなぜこんなに人気があるのか

報告者（　　　　　　　　　　　　　　）

〈調べたきっかけ〉

＿＿＿＿＿＿＿＿＿＿が、小学生から大人まで大人気なのにはきっと秘密があるのだろうと気になりました。

そこで、なぜこんなに人気があるのかについて考えてみたいと思い、調べてみました。

〈調べ方〉

大きく二つの方法で調べました。一つ目は、

「＿＿＿＿＿＿＿＿＿＿」で調べてみました。

＿＿＿＿＿＿＿＿＿＿＿＿＿＿＿からです。

二つ目は、「＿＿＿＿＿＿＿＿＿＿」で調べてみました。

＿＿＿＿＿＿＿＿＿＿＿＿＿＿＿からです。

〈調べてみてわかったこと〉

「＿＿＿＿＿＿＿＿＿＿」から

調べてみると、＿＿＿＿＿＿＿＿＿＿＿＿＿＿＿

がわかりました。

「＿＿＿＿＿＿＿＿＿＿」から

調べてみると、＿＿＿＿＿＿＿＿＿＿＿＿＿＿＿

がわかりました。

〈まとめ〉

調べてみると、＿＿＿＿＿＿＿＿＿＿＿＿＿＿＿

がわかりました。

＿＿＿＿＿＿＿＿＿＿＿＿＿＿＿＿＿＿＿＿

＿＿＿＿＿＿＿＿＿＿＿＿＿＿＿と思いました。

B

「　　　　　　　　　　　　　　　　　　　　」

報告者（　　　　　　　　　　　　）

〈調べたきっかけ〉

〈調べ方〉

大きく

〈調べてみてわかったこと〉

「　　　　　　　　　　　　」

調べてみると、

〈まとめ〉

調べてみると、

C

「　　　　　　　　　　　　　　　　　　　　」

報告者（　　　　　　　　　　　　　　　　）

「鬼滅の刃」はなぜこんなに人気があるのか

報告者（　　　　　　　　　　　　　　　）

調べたきっかけ
「鬼滅の刃」が、小学生から大人まで大人気なのにはきっと秘密があるのだろうと気になりました。
そこで、なぜこんなに人気があるのかについて考えてみたいと思い、調べてみました。

調べ方
大きく二つの方法で調べてみました。一つ目は、「兄と姉にインタビュー」することで調べてみました。兄と姉は中学生と高校生ですが、二人とも鬼滅の刃の大ファンで、彼らならその秘密がわかるのではないかと考えたからです。
二つ目は、「インターネット」で調べてみました。インターネットには「鬼滅の刃」の情報がたくさんのっているので、きっと人気の秘密もみつけることができると考えたからです。

調べてみてわかったこと
「兄と姉へのインタビューから」
調べてみると、彼らが大好きな理由がわかりました。それは、キャラクターそれぞれの個性がみんな違い、それぞれに格好よいところがあるところです。
たとえば、主人公のたんじろうの同期の「我妻善逸（あがつま・ぜんいつ）」は普段は、気弱なのにいざとなると、強さを発揮するところに、格好良さを感じる人が多いそうです。

「インターネットで調べてみると」
調べてみると、小学生でもわかりやすい物語の設定であることがわかりました。それは、「鬼」と「鬼殺隊」という、敵味方の対立がシンプルでわかりやすいということです。また、「鬼殺隊」はいくつかのグループに分かれ、柱というリーダーを中心に協力したり、互いにライバル関係になったりする設定になっています。

まとめ
調べてみると、鬼滅の刃は、小学生にもわかりやすい物語の設定になっていて、キャラクターが個性的でいざとなると格好良くなることにワクワクする人が多いことがわかりました。
そういえば、ドラえもんが大人気の理由も、話がわかりやすく、いざとなった時、「のび太」もたのもしくなったり、普段わがままな「ジャイアン」は誰よりも優しくなったりしていることに気づきました。大人気のマンガには他にも秘密があると思います。今度は、ドラえもんをテーマに探してみたいと思いました。

ステップ 3

全体をまとめよう

ねらい

報告文の「終わり」に、調べてわかったことのまとめと、自分の意見や感想を書くことを目標とします。

手順

①わかったことの「まとめ」を書きます。
②自分の意見や感想を「まとめ」のあとに付け足します。

「ちょい足し支援」のアイデア

○まとめの書き方が思いつかないという子には、付箋を使って書く内容を整理するようにします。まとめには、「調べたことそれぞれのまとめ（要点）」＋「自分の考え・感想」で構成されていることをイメージすることができます。付箋は2色準備し、「わかったことの要点をまとめる用」と「自分の考え・感想用」で色を変えるとよいでしょう。

●要点のまとめ方がわからない子には、最初の一文目を付箋に書くようにアドバイスしましょう。例文の「調べてわかったこと」（中）の段落は、頭括型で構成しています。この構成では、最初の一文が段落のまとめ（要点の一文）となります。

●意見や感想を書くことに苦手さを感じる子には、「自分の考え・感想」に関する選択肢を用意して、参考にできるようにします。

> ㋐　感想パターン
> ・これからは、私も○○○ということを大切にしていきたいと思いました。

> ㋑　話題を広げるパターン
> ・次は、○○○について調べてみたいと思いました。

> ㋒　意見パターン
> ・調べてみて、○○の大切さがわかりました。でも、◆◆◆の方がもっと良いのではないかと思います。その理由

> ㋓　お勧めパターン
> ・ぜひ皆さんも○○してください。

調べたことを、文章にまとめよう

名前（　　　　　　　　　　）

①調べてわかったことの「まとめ」を付箋に書きましょう。

※調べてわかったことの「まとめ」は、最初の一文になることが多いです。

一つ目の方法で調べてわかったことの要点

二つ目の方法で調べてわかったことの要点

②二枚の付箋にかいた「わかったこと」の内容をくっつけて、一文にしましょう。

調べてみると

一枚目の付箋に書いた文　～ということ

と（や）

二枚目の付箋に書いた文　～ということ

ということがわかりました。

③自分の考えや感想をステップ2のワークシートの「まとめ」に書きましょう。

※どう書いてわからない場合は、次の4つのパターンから選んでみましょう。

ア　感想パターン
　これからは、私も○○ということを大切にしていきたいと思いました。

イ　話題を広げるパターン
　次は、○○について調べてみたいと思いました。

ウ　意見パターン
　調べてみて、○○の大切さがわかりました。でも、◆◆◆の方がもっと良いのではないかと思います。その理由は…。

エ　おすすめパターン
　ぜひ皆さんも○○してください。

④「②」と「③」で書いた内容を、清書用の紙に書きましょう。

報告する文のまとめ

学びにつまずきのある子どもの中には、多くの子どもが当たり前と思われることにひっかかりを感じ、「なぜだろう」「どうしてだろう」と疑問に思う子が結構います。しかし「そんなの当たり前」と決めつけられ、それらの疑問がスルーされてしまう経験をすることがあります。

子どもたちのそのような気づきをいかせる可能性を持っているのが「報告する文」です。「変だな」「不思議だな」「面白いな」と感じることについて自力でまとめるのがまだ難しい段階の場合は、それを支援していく大人の存在が重要になります。

報告する文の、< 調べたきっかけ >< 調べ方 >< 調べてみてわかったこと >< まとめ >という構造はまさに論文の構造と同じであり、レポートや論文作成の基礎となるものです。その子がもった「問い」について、調査方法は適切か、調査結果のまとめ方はあっているのか、より多くの読み手に伝わりやすい文章になっているか、などを学ぶことで、「なぜだろう」「どうしてだろう」と論理的に追究していくことの楽しさに触れる子どもが増えていくことが期待されます。

こだわりのあるお子さんの「こだわりをいかす」という意味でも、報告する文の作成支援はとても大きな役割を果たすでしょう。

文種ごとの
支援法&
ワークシート

9

意見を書く文

意見文を書けることのよさ

意見文とは、ある事柄について理由や根拠を明確にして、筋道を立てて述べた文章です。意見文を書けることで、日常の中で、自分の考えや意図を筋道立てて相手に伝えることができるようになります。

また、自分とは異なる立場からの反論を想定したうえで自分の考えを構築するため、事柄や見解に対する見方・考え方を広げることができます。

子どもにとっての困難さ

意見文を書くには、自分のもっている知識や経験をもとに自分の考えを整理し、筋道を立てた論を組み立てるというさまざまな言語能力が必要となります。

また、意見文は相手に伝わってはじめてその目的を達成します。そのため、ただ自分の知識を述べるだけではなく、自分の主張したい意見にそって文章を作成し、相手を説得できる工夫が必要になります。

指導のコツ

論理的に自分の考えをまとめられるように、3ステップで学習します。

1 「頭括型」「双括型」で自分の考えを伝える

ステップ1では、意見文のもっとも基本的な型である「頭括型」で自分の意見を述べる練習をします。

頭括型は、「初め」で主張を述べ、その根拠や実例を「中」で述べます。新聞の記事や小論文、話し合いなどでよく使われています。いちばん伝えたいことから自分の意見を伝えるため、自分の主張を伝えるのに効果的な型ともいえます。

低学年の子供たちにとっても、「私は○○と考えます。その理由は…。」などと負担なく意見を伝えやすい型といえます。

ステップ2では、より説得力を増すことのできる「双括型」で自分の意見を述べる練習をします。

双括型は、「初め」と「終わり」の両方に、自分の考えのまとめや主張を述べます。読み手に主張（メッセージ）を強く認識してもらうことができ、説得力を増す効果があります。

2 説得力を高める

ステップ2では、「理由」や「根拠」を複数述べることで説得力を増す練習をします。

自分の意見をうまく伝えるには、文章構成を意識するだけでなく、その理由や根拠を含めることが重要です。実体験をもとにした理由や根拠は、より具体的なイメージを相手に伝えることができるため、説得力を増すことができます。

また、複数の視点から理由や根拠を述べることで、相手は納得しやすくなります。たとえば、「笑顔は大切です。なぜならば笑顔になると脳が活性化するからです。」と「笑顔は大切です。なぜならば、脳が活性化したり、ストレスが軽減されたり、ただ笑うだけで美容効果もあるからです。」を比べてみると、複数の理由を挙げているほうが、説得力が高いと思います。

指導で気をつける必要があるのは、自分の想像を根拠として事実のように書いてしまうことです。その場合、自分の意見や想像と事実を区別して述べるようにアドバイスしましょう。

3 感想・意見をどう書くのか

ステップ3では、反論を想定し、譲歩構文で述べることで相手を意識した意見文を書く練習をします。

意見文の説得力を増すには、自分の主張とその理由だけでなく、自分と異なる意見に対する反論を述べることが大切です。異なる意見を考えることで、物の見方や考え方が広がり、自分の意見の重要性をより伝えることができます。

その際、想定される反論を一度肯定したうえで、自分の意見を伝える「譲歩構文」の形で述べることが効果的です。

反論を想定できない子どももいるため、反対意見を紹介するなどの手立てが必要です。個別の支援が必要な場合は、指導者が、「きっと反対の人はこういうと思うなあ。」と例示し、一緒に取り組むことをおすすめします。

意見を書く文

ある事実や他の人の意見に対して、自分の判断を伝える文。
ここでは、ステップごとに話題を変えて紹介します。

病院の呼び出しは、番号がよい

病院の中には、かん者の呼び出しを名前で行っているところが少なくない。先日、近所の○△病院へ行ったら、そこでも名前での呼び出しだった。POINT 1

しかし、わたしは、病院での呼び出しは、番号にするべきだと考える。POINT 2

そう考える理由は、学校の安全教室で、名前や住所、電話番号な

POINT 1

自分の意見と異なる現状や一般論、反対意見などを紹介し、それを認める姿勢を示した上で、自分の意見を主張する「譲歩構文」の形で述べると効果的です。

確かにこの文章があると、説得力されそうだ！
でも、書き方がわからない
↓ステップ3へ

POINT 2

自分の意見の立場（主張）を示します。ある事象や主張に対し、「賛成」「反対」「新たな立場」のいずれなのかを明確にすることが大切です。

ど、個人情報を公開することで起きた、さまざまな問題を知ったからである。POINT 3 名前も、通院していることも、大切な個人情報である。人に知られることで、思いがけない問題が怒ることも考えられる。

たしかに、名前で呼ばれる方が分かりやすい、という意見も理解はできる。POINT 4

しかし、分かりやすさと安全を比べれば、安全の方が、より大切ではないだろうか。POINT 5

かん者一人ひとりの安全を守るという点から、私は、病院での呼び出しを番号にするべきだと考える。

POINT 3

自分の主張の理由や根拠があると、説得力が増します。その際、事実（調べたこと・経験したこと）と、自分の考え（意見）は区別して書きます。

↓ステップ1へ

POINT 4

読み手が考えそうな反対意見の理由や疑問を示し、それに対する反論を行うことで、納得してもらいやすくなります。

POINT 5

「初め」と「終わり」で主張を述べる「双括型」の文章は、読む人に、主張（メッセージ）を強く認識してもらえる効果があります。

ステップ1 あなたは、賛成？それとも反対？

ねらい

自分の意見とその理由を、次のような2文で簡潔に書くことを目標とします。

> 私は、「夏休みに海に行くのがよい」という意見に賛成です。その理由は、広い海で泳ぐと気持ちがいいからです。

手順

① 一文目で自分の主張を明確にする

自分の意見が「賛成」「反対」のどちらの立場なのかを決め、「私は○○という意見に賛成・反対です」と書きます。

② 二文目で主張の理由や根拠を示す

賛成を選んだ人は、二文目に、その話題の「いいな」と思ったことを、逆に、反対を選んだ人は、二文目に、その話題の「ちょっとここがいやだな」や「なっとくいかないなあ」と思ったことを書きます。

理由が上手くまとめられない子どもには、選択肢の中から選ぶようにしましょう。

「ちょい足し支援」のアイデア

- 作文の「お題」は、子どもの生活経験を踏まえ、身近な物事から設定すると考えやすくなります。子どもの関心が高い「旬」な話題もおすすめです。
- 日常生活でも、気持ちや意見だけでなく、理由を一緒に説明することができると、相手に自分の思いを理解してもらいやすくなります。それが苦手な子には、あらかじめ、理由の選択肢を設け、そこから選べるようにします。

賛成？ それとも反対？

名前（　　　　　　　　）

お題

『夏休みに遊びに行くとしたら、山よりも海の方がいいと思います。』

あなたは、この意見に賛成ですか？
それとも反対ですか？

わたしは、「夏休みに遊びに行くとしたら、山よりも海の方がいい」という意見に（　　　　　）です。

その理由は、

ヒント 1

次の選択肢の中から理由を選んで書きましょう。

① 賛成の立場（海の方がいいと思う人）

ア 広い海で泳ぐと気持ちがよいからです。

イ めったに海に行くことができないからです。

ウ 砂浜で走りまわったり海に入ったりして遊べるからです。

② 反対の立場（山の方がいいと思う人）

ア 泳ぎが苦手で、海では楽しめないからです。

イ 日焼けをすると、体がいたくなるからです。

ウ 大好きな昆虫や植物がたくさんいるからです。

ヒント 2

次の例文を参考に考えましょう。

・私は「夏休みに海に行くのがよい」という意見に賛成です。その理由は、砂浜で走り回ったり、広い海で泳いだりすると気持ちよいからです。

・私は「夏休みに海に行くのがよい」という意見に反対です。その理由は、泳ぐのが苦手だし、昆虫や植物採集をするのが好きだからです。

ステップ2 より説得力のある文章へ

ねらい

「理由」は複数示すことでより説得力のある文書になります。また、それが、先入観や個人的な見解ではなく、事実であることも大切です。ステップ2では、ステップ1を発展させ、事実を「理由」として示すこと、その「理由」を複数示した上で主張を述べることを目標とします。

手順

次の4点を意識して説得力のある文章を書きます。

①「初め」と「終わり」に主張を入れる

文章の「初め（序論）」と「終わり（結論）」に自分の主張を述べる双括型で書くと、読み手が主張を認識しやすくなり、説得力を高める効果があります。「つまり」「このように」などの言葉を使うと、まとめやすくなります。

②自分の経験と関連づけて述べる

理由の中に自分の経験など具体例を入れることで、読み手にイメージが伝わりやすくなり、説得力が高まります。

③理由は2〜3個程度述べる

理由の数も1つから2つにする方が、自分の意見の理由のイメージが伝わりやすくなります。ただし、多すぎると逆効果です。最大でも3つ程度にします。

④事実と意見を区別する

「個人情報を公開すると悪用される」

この文章の問題点は何でしょうか。それは、事実と意見が混ざっている点です。学校でそのようなことを習ったのであれば、「『個人情報を公開すると悪用されることがある』と、学校の安全教室で学んだ」というのが事実です。

より説得力のある文章へ

名前（　　　　　　　　　　　　　）

お題

『あなたは、正月とクリスマスのどちらの方が楽しみですか』

①「初め」に、自分の立場を「正月」「クリスマス」「新たな立場」の三つの中から選びます。

②「中」に、自分の意見の理由や根拠を書きます。その際、自分の経験を書き加えると説得力が高まります。ただし、事実と意見は混ぜません

※理由は二つあると説得力が増します。

③「終わり」に、もう一度の伝えたい主張を述べて文章を締めくくります。

始め	中	終わり
わたしは、「　　　　」の方が楽しみです。	その一つ目の理由は、 ［　　　　］ 二つ目の理由は、 ［　　　　］	このように、私が「　　　　」の方が楽しみだと考えるのは、 ［　　　　］

ヒント文例

私は「お正月」の方が楽しみです。その一つ目の理由は、クリスマスよりもお正月の方が、親戚が一堂に揃い、みんなの元気な姿が見られ、楽しい時間を過ごすことができるからです。二つ目の理由は、お正月は、日本人がずっと昔から大事にしてきた文化の一つで、日本にしかない時間の過ごし方だからです。このように私が「お正月」が楽しみだと思うのは、日本独自の文化や習慣を大勢の親戚と過ごす方が楽しいと感じるからです。

ステップ3

読み手を意識した説得力のある文章へ

ねらい

ステップ3では、読み手を意識した文章を書くことを目標です。自分の意見とは異なる現状や一般論、反対意見などを紹介し、それを認める姿勢を示した上で、自分の意見を主張する文章を書きます。

手順

ワークシートを使用して、読み手を意識しながら自分の意見を伝える文章を書きます。お題は自由に変えてください。

① 自分の意見とは異なる現状や一般論から書き始める

自分の意見を受け入れてもらうためには、あえて意見とは異なる現状や一般論から書き始めることも効果的です。たとえば、ステップ1のお題に対しては、次のように述べます。

> **「夏は海に」というイメージをもっている人は多いと思う。テレビでも夏になるとよく海の様子をニュースで流している。**
> **しかし私は「夏に海にいくこと」には反対である。**

② 想定される反論に対する意見をのべる

自分と異なる意見に対する反論を述べることで、自分の意見の重要性を伝えることができます。たとえば、ステップ2のお題に対しては、次のように述べます。

> **クリスマスの方がテレビでも取り上げられ、華やかでわくわくするという意見も理解できる。**
> **しかし、大好きなおばあちゃんやおじいちゃんなど、多くの親戚会える正月の方が、私は楽しみである。**

③ 自分の意見を主張する

自分の意見を最後に示します。

ステップ3　読み手を意識した説得力のある文章へ

名前（　　　　　　）

お題「正月とクリスマスのどちらの方が楽しみか」

名前（　　　　　　）

初め

①
一般的には、小学生は

しかし、わたしは、「　　　　　　　　」
と考える。

中

その理由は、

②

たしかに、

②

しかし、

②

終わり

このような点から、わたしは

③

意見を書く文のまとめ

「意見を書く文」では、ある事象に対して自分なりの意見をもつ、自分の判断やその根拠をわかりやすく伝えていくという力が求められます。

子どもたちにとってあまり関心の持てない、「どうでもいい」ことについて意見を書く文を書かされるのではどうしても意欲は出ません。ですから、子どもたちが自分ごととしてとらえることができるようなテーマ設定が必要になります。

多様なテーマの中から興味があることを自己選択させ、書く作業をスモールステップで支援していくことが望ましいでしょう。

他者視点のつまずきがあるお子さんの場合は、自分の確固たる意見を持っていたとしても、自分とは異なる意見を持つ人がいるというイメージは持ちにくいので、想定される反対意見などはあらかじめ提示しておく方がよいでしょう。

自分と異なる意見に対し、一度それを認める姿勢を示し、かつ自分の意見を主張するという「譲歩構文」の型は、アサーティブトレーニングの中の「適切な自己主張」の構造と同じです。①一度相手の意見を受け止める、②自分なりの考えを述べる、③折衷案を提示する、という譲歩構文を学ぶことは、子どもたちのコミュニケーションスキルを高める一助にもなりそうです。

ワークシートダウンロードのご案内

・本書掲載のワークシートは、以下のリンク先よりダウンロードいただけます。
https://www.toyokan-publishing.jp/book/sakubun/sakubun.zip
ユーザ名：reader
パスワード：sakubunsakubun
※ユーザ名、パスワードはすべて半角英字（小文字）です。

【使用上の注意点】
・リンク先にはパソコンからアクセスしてください。スマートフォンではファイルが開けない場合があります。
・PDFファイルを開くには、Adobe Reader もしくは Adobe Acrobat がインストールされている必要があります。
・PDFファイルを拡大して使用すると、文字やイラスト等が不鮮明になったり、線にゆがみが出たりする場合があります。あらかじめご了承ください。

【著作権について】
・収録されているファイルは、著作権法によって守られています。
・著作権法での例外規定を除き、無断で複製することは法律で禁じられています。
・収録されているファイルは、営利目的であるか否かにかかわらず、第三者への譲渡、貸与、販売、頒布、インターネット上での公開等を禁じます。
・ただし、購入者が学校での授業において、必要枚数を児童に配布する場合は、この限りではありません。ご使用の際、クレジットの表示や個別の使用許諾申請、使用料のお支払い等の必要はありません。

【免責事項】
・収録ファイルの使用によって生じた損害、障害、被害、その他いかなる事態についても弊社は一切の責任を負いかねます。

【お問い合わせについて】
・ダウンロードに関するお問い合わせは、次のメールアドレスでのみ受け付けます。tyk@toyokan.co.jp
・パソコンやアプリケーションソフトの操作方法については、各製造元にお問い合わせください。

編著者紹介

[編著者]

阿部利彦

（あべ・としひこ）

星槎大学大学院教育実践研究科教授。日本授業 UD 学会湘南支部顧問。東京障害者職業センター生活支援パートナー（現・ジョブコーチ）、東京都足立区教育研究所教育相談員、埼玉県所沢市教育委員会健やか輝き支援室支援委員などを経て現職。長年、発達障害がある子とその家族の相談支援に携わり、その豊富な経験から全国各地で多数の講演会や研修会の講師を務める。主な著書に「決定版！授業のユニバーサルデザインと合理的配慮」（金子書房）、「人的環境のユニバーサルデザイン～子どもたちが安心できる学級づくり」（東洋館出版社）などがある。

[著者]

藤野　博

（ふじの・ひろし）

東京学芸大学大学院教育学研究科（教職大学院）教授。東北大学大学院教育学研究科博士前期課程修了。博士（教育学）。東北厚生年金病院言語・心理治療室言語聴覚士、川崎医科大学附属川崎病院耳鼻咽喉科聴能言語訓練室言語聴覚士、川崎医療福祉大学医療技術学部専任講師、東京学芸大学教育学部専任講師、同助教授（准教授）、同教授を経て、現職。専門はコミュニケーション障害学、臨床発達心理学。

片岡寛仁

（かたおか・のぶひと）

小田原市立酒匂小学校教諭。日本授業ＵＤ学会湘南支部支部長。「学級経営」「国語科」「道徳科」を中心に校内研修や講演会で講師を務める。所属学会は日本授業 UD 学会、日本 LD 学会。執筆書籍は「通常学級担任がつくる授業のユニバーサルデザイン」「通常授業のユニバーサルデザインプラン Zero」シリーズ『授業 UD を目指す「全時間授業パッケージ」国語４年』（東洋館出版社）ほか。

上條大志

（かみじょう・まさし）

小田原市立足柄小学校総括教諭。教育相談（特別支援教育）コーディネーター。日本授業ＵＤ学会湘南支部副支部長。星槎大学大学院教育学研究科修了。教育学修士。星槎大学客員研究員。特別支援教育士。神奈川県優秀授業実践教員表彰。主な研究分野として、通常学級におけるインクルーシブ教育、特別支援教育の視点からの学級経営など。校内研修や講座等で講師を務める。所属学会等として、日本授業 UD 学会、日本 LD 学会、日本学級経営学会、発達性 dyscalculia 研究会、小田原支援教育研究会ほか。

久本卓人

（ひさもと・たくと）

神奈川県教育委員会子ども教育支援課指導主事。日本授業ＵＤ学会湘南支部事務局長。1975 年生まれ。奈良教育大学大学院教育学研究科修士課程修了。神奈川県公立小学校教諭、神奈川県立総合教育センター指導主事を経て、現職。指導主事として各種研修会の講師等を務めるとともに、県内外の授業研究の仲間と日々研鑽を重ねている。

これで書ける！
サクサク作文サポート［小学校編］

2021年12月20日　初版第1刷発行

編著者　阿部　利彦
発行者　錦織　圭之介
発行所　株式会社東洋館出版社
〒113-0021
東京都文京区本駒込5丁目16番7号
営業部　電話03-3823-9206　FAX03-3823-9208
編集部　電話03-3823-9207　FAX03-3823-9209
振　替　00180-7-96823
URL　https://www.toyokan.co.jp

［印刷・製本］藤原印刷株式会社
［装丁・本文デザイン］中濱健治

ISBN978-4-491-03940-4　Printed in Japan